BERND PHILIPP

Auf ein Heiteres

Eine Aufmerksamkeit Ihrer Berliner Morgenpost

BERND PHILIPP

Auf ein Heiteres

Ein Mensch in allen Lebenslagen

Mit 25 Zeichnungen von Stefan Theurer

Herbig

Umschlaggestaltung: Wolfgang Heinzel, unter
Verwendung einer Illustration von Brian Bagnall
Satz: Schaber Satz- und Datentechnik, Wels
Gesetzt aus: 2.80/4.98 mm Parlament auf Scantext 2000
Druck und Binden: Ebner Ulm
Printed in Germany
ISBN 3-7766-1827-2

Inhalt

Unser kleines Heim oder: Max am Fax

Unsere schöne große Wohnung ist im vergangenen Jahr wieder um rund sechs Quadratmeter kleiner geworden. Und es ist zu befürchten, daß dieser Trend anhält.
Wie so etwas möglich ist?
Max expandiert! Sein Zimmer reicht ihm längst nicht mehr aus. Er hat jetzt in allen Räumen der Wohnung Stützpunkte eingerichtet. Seine Mutter unternimmt dagegen leider nichts, und soll ich mich vielleicht mit meinem Sohn anlegen? Am Ende steckt er mich ins Heim!?
Es sieht bei uns zu Hause so aus: Wenn man in die Wohnung kommt — nein, man kommt ja gar nicht erst in die Wohnung. Ich muß von draußen rufen, ob bitte jemand die schwere Spielzeugkiste an der Tür wegnehmen könnte: »Papa möchte reinkommen …«
»Papa reinkommen nein, Papa arbeiten gehen«, tönt es von innen.
Susi Super freut sich über so liebevolle Bon-

mots und nimmt gern die Kiste von der Tür weg, damit ich eintreten kann.
In der Diele liegen an einem durchschnittlichen Tag rund drei Dutzend Autos herum. Und das gesamte Spielzeug-Alphabet. Maxis Lieblingsbuchstaben sind Üppilon und Elllllll.
Hinein in die gute Stube! Welch imposanter Fahrrad-Park! Vier kleine Räder stehen im Wohnzimmer, alle in einer Reihe. Die Ansätze von Ordnungssinn sind unverkennbar, um es mal positiv zu sehen.
»Im nächsten Jahr braucht Max ein größeres Rad«, sagt Susi Super. »Brunis Julchen hat jetzt schon eins, das größer ist als das Rad, das Max von Oma bekommen hat.«
»Das ist ja furchtbar«, sage ich, »bei Max wird sich ein schwerer Minderwertigkeitskomplex bilden. Das können wir nicht verantworten. Sag deiner Mutter, ihr Enkelsohn nimmt Schaden, wenn sie nicht umgehend ein größeres Rad kauft ...«
»Das neue Rad könnte vielleicht mal der Herr Papa kaufen«, meint Susi. »Oma wird dem Kleinen nämlich zum Geburtstag ein schönes Indianerzelt schenken ...«
»Wo wird er es denn aufbauen?« frage ich, »in seinem eigenen Zimmer ist ja kein Quadratzentimeter Platz mehr. Bleibt nur dein Zimmer!«

»Kommt nicht in Frage«, wehrt Susi Super ab, »ich schlage das Schlafzimmer vor!«
»Das ist eine ungewöhnlich gute Idee. Ich wollte immer schon mal im Schlafzimmer ein Zeltlager aufschlagen. Ein ausgesprochen erotischer Gedanke ...«
»Wo ist Max jetzt eigentlich?« will Susi wissen.
»Wo soll er sein?« antworte ich. »In meinem Arbeitszimmer natürlich. Er wird auf meinem Schreibtisch sitzen und wie ein Wilder den Computer quälen. Vor drei Wochen hätte meine Zeitung fast mit einem weißen Fleck erscheinen müssen, weil Max meine fertiggeschriebenen ›Lebenslagen‹ meisterlich eliminiert bzw. gänzlich zerstückelt hatte ...«
Max sitzt tatsächlich auf dem Schreibtisch. Er hat mit dem Fax-Gerät, mit dem sich auch Kopien machen lassen, meine letzte Gehaltsabrechnung kopiert und die Rückseite bemalt.
»Max Kindergruppe mitnimmt!« sagt er.
Ich bitte ihn, meine Gehaltsabrechnung nicht mit in die Kindergruppe zu nehmen. Max gibt mir sein Männerwort.
Am meisten freue ich mich schon auf den 10. Oktober: Dann wird Max drei Jahre alt. Seine Onkel und Tanten wollen ihm eine große Rit-

terburg schenken. Dann gehen uns noch einmal fünf Quadratmeter Wohnfläche verloren. Hauptsache, das Kind fühlt sich wohl.
Opa will sich von seinem zwei Meter langen und 60 Zentimeter hohen Aquarium trennen und hat es Max versprochen. Fassungsvermögen: 500 Liter. Man faßt es nicht.
»Es würde doch gut in dein Zimmer passen«, meint Susi zu mir.
Stimmt. Aber ich nicht mehr.

Welchen Beruf Sie haben müssen, um eine Wohnung zu bekommen ...

In jeder Generation tauchen bei der Erziehung von Kindern zeitbedingt neue Probleme auf. Achteten Eltern bislang vor allem darauf, daß ihre Kinder in der Schule gut vorankommen und die Hürde des Abiturs meistern, um anschließend ein Studium aufzunehmen, so sind wir Eltern von Kleinkindern heute gut beraten, wenn wir dafür sorgen, daß unser Nachwuchs später einmal einen »vermieterfreundlichen« Beruf ergreifen wird.
Bei anhaltendem und steigendem Wohnungsnotstand sind Vermieter zu einer neuen gesellschaftlichen Kraft geworden. Vermieter nämlich nehmen nicht jeden X-Beliebigen, nein, sie haben genaue Vorstellungen vom Beruf ihrer Mieter.
Besonders unbeliebt bei Vermietern sind Juristen. Klar, die sind mit Paragraphen vertraut — und wenn zwei Tage lang der Wasserhahn tropft, bestehen sie auf Mietminderung, kra-

men nach Grundsatzurteilen und gehen notfalls vor Gericht. An Juristen haben Vermieter keine rechte Freude!
Schlechte Zeiten auch für Journalisten. Das sind notorische Nörgler, die bei jedem undichten Fenster mit Schlagzeilen in der Weltpresse drohen. Mitarbeiter von Zeitungen sollten als Beruf nicht etwa Redakteur oder Reporter angeben, sondern besser Verlagsangestellter — das klingt solide und weniger angriffslustig.
Musiker haben zu allen Zeiten schlechte Karten gehabt. Das wird auch in Zukunft so sein. Pianisten etwa können ein garstig Lied davon singen. Alle Leute lieben Musik, aber keiner Musiker, die pausenlos üben. Und Blechbläser können ohnehin nicht damit rechnen, später überhaupt irgendwo wohnen zu dürfen.
Handwerker dagegen können — vor allem in den neuen Bundesländern, wo noch allerlei zu tun ist — optimistisch in die Zukunft blikken. Aus den Kleinanzeigen kann man schließen, daß handwerklich begabte Mieter sogar von Vermietern gesucht werden!
Wer allerdings zwei linke Hände hat und dennoch nicht chancenlos auf dem Wohnungsmarkt umherirren will, der sollte den Beruf des Pharma-Referenten ergreifen. Die

sind bei Vermietern auch sehr beliebt, weil sie immer unterwegs sind.
Grundsätzlich gilt für jeden Berufstätigen: Sie steigern Ihre Akzeptanz, wenn Sie alleinstehend sind und eine Tierhaar-Allergie nachweisen können. Ach ja, unfruchtbar sollten Sie auch sein!
Viel Spaß denn auf dem Wohnungsmarkt.

Unser großes Sparprogramm: ABGELEHNT!

Die Verschuldung der Bundesrepublik Deutschland in Höhe von fast zwei Billionen Mark (2000 Milliarden) hat Susi Super und mich veranlaßt, uns ernsthafte Gedanken zu machen, wie wir unsere anteilige Individualverschuldung tilgen könnten.

»Da muß ein familiäres Sparkonzept her«, hatte Susi Super weitsichtig gefordert. Und so gingen wir in Klausur. Hier die einzelnen Vorschläge und der entsprechende Beschluß.

Vorschlag von Susi: Die Ausgaben für Bier werden drastisch reduziert. *Abgelehnt!* Begründung: Bier hat den Rang eines Kulturguts, und die Bedeutung der Kultur kann man nicht hoch genug einschätzen.

Vorschlag von mir: Weil Max keine Windeln mehr braucht, wird das Kostgeld entsprechend gesenkt. *Abgelehnt!* Begründung: Es sei ohnehin ungeheuerlich, daß der Kauf von Windeln bislang aus der Haushaltskasse finanziert worden sei.

Vorschlag von Susi: Verkauf eines Großteils meiner zu eng gewordenen Garderobe in Second-hand-Läden. *Abgelehnt!* Begründung: Bald bin ich wieder schlank wie ein (kräftiger) Strich und kann die teilweise hochwertige Kleidung auftragen.
Vorschlag von mir: Susi verkauft den teuren Erstkinderwagen von Max, da weiterer Kindersegen nicht ins Haus steht bzw. dieser dann vermutlich schiefhängen würde. *Abgelehnt!* Der Kinderwagen sei so teuer gewesen, daß es zu sehr schmerzen würde, ihn für einen Minimalbetrag abzugeben. Außerdem könne man später in dem Kinderwagen ein Arrangement von Blattpflanzen installieren.
Vorschlag von Susi: Veräußerung meiner kompletten Tennisausrüstung, da mein letzter Sieg nun über sieben Jahre zurückliege. *Abgelehnt!* Begründung: Ich arbeite an meinem Comeback.
Vorschlag von mir: In einer Zeit des Maßhaltens gibt es für Schwiegereltern und andere Verwandte zu Weihnachten und Geburtstagen nur noch symbolische Geschenke, etwa ein bei einem Spaziergang gefundenes Blatt oder dergleichen. *Abgelehnt!* Begründung: Früher ging es uns nicht so gut wie heute, und da haben wir uns auch immer was geschenkt.

HAARE
DO IT

Vorschlag von Susi: Ich verzichte auf den Besuch eines Friseurs und vertraue mich stattdessen ihrer Fertigkeit des Haarschneidens an. *Abgelehnt!* Begründung: Gänzlich unakzeptabel, nachdem sie mir mal bei einer solchen Aktion eine Schneise ins Haar gefräst hat und ich zwei Wochen lang mit einem Hut rumlaufen mußte.

Ja, sparen ist eine schwierige Sache! Unsere Vorschläge hätten wir uns sparen können ...

Mal ehrlich: Wie oft tun Sie es denn pro Woche?

Ich weiß, daß es viele Leute zweimal die Woche tun. Ich nicht. Einmal reicht mir völlig. Man darf sich nicht unter Druck setzen lassen. Man lebt ja nicht, um Normen zu erfüllen.

Mein Freund Rüdiger zum Beispiel macht es überhaupt nicht mehr. Er und seine Frau Bruni haben eines Tages einfach damit aufgehört. Und sie leben immer noch. Und es geht ihnen sogar gut dabei.

Wie oft machen Sie es? Einmal? Zweimal?

Egal. Ihre Sache. Ich jedenfalls gebe unumwunden zu, daß ich nur einmal in der Woche Lotto spiele. Eigentlich wollte ich mich gar nicht »outen« als einer, der jeden Freitag ein kleines Stück Papier mit putzigen Kreuzchen vollkritzelt und sich diebisch freut, wenn er alle hundert Jahre einmal satte 7,40 DM einsacken kann. Aber man muß sich zu seinen Schwächen bekennen. Vor allem dann, wenn

Millionen Mitmenschen denselben Unsinn treiben.
Ich bin im Grunde ein Lotto-Abhängiger. Meine Lotto-Sucht begann nach einem Traum. Mein Schwiegervater hatte mir im Schlaf sechs Zahlen genannt, die ich, als ich wach wurde, noch wußte.
Ja, werden Sie sagen, der Bernd Philipp — das ist ein feiner Schwiegersohn, träumt doch glatt von seinem Schwiegerpapa. Um der Wahrheit die Ehre zu geben: Ich habe die Zahlen meinem Schwiegervater vorenthalten. Wenn wirklich mal meine »Traum«-Zahlen kommen, werde ich mich erkenntlich zeigen. Außerdem glaube ich, daß Schwiegerväter nicht unbedingt wissen müssen, wenn der Schwiegersohn von ihnen träumt.
Leute, die immer dieselben Zahlen ankreuzen, sind psychisch bedroht. Die Angst, einmal nicht rechtzeitig den Schein abzugeben, zermartert ihr Gehirn. Freitagnachmittags, kurz vor Geschäftsschluß, sieht man, wie sie mit bleichem Gesicht und mit schnellem Schritt durch die Straßen ziehen, um ja noch mitspielen zu können.
Jene, die es verpassen, leiden Höllenqualen bis zur Ziehung der Zahlen. Landesweit ist danach der Aufschrei all derer zu vernehmen,

die sich wohlig in ihrem Fernsehsessel zurückfallen lassen und rufen: »Ein Glück, daß meine Zahlen nicht gekommen sind!« Es ist der Chor der Zerstreuten.

Nun kann es, wie zu lesen war, noch dümmer als dumm kommen: Eine Berlinerin hatte sechs Richtige mit Zusatzzahl. Und sie hatte ihren Schein sogar abgegeben. Es war alles wasserdicht. Sie wähnte sich in der Gewißheit, in eine sorgenfreie finanzielle Zukunft zu schauen. Da leistet man sich im Freundeskreis schon mal eine Piccolo.

Der Traum dauerte nur wenige Tage. Dann kam die Nachricht, daß der Gewinn von 4363,10 DM noch mit 154 anderen glücklichen Gewinnern geteilt werden müsse. Und so blieben nur 28,33 DM übrig. Die Gewinne aus Systemwetten und der Lotterie aus dem Hause Faber werden nämlich nach eigenen Kriterien »ausgeschüttet«. Da kann es dann schon mal vorkommen — fragen Sie mich bitte bloß nicht wieso! —, daß sechs Richtige nur fünf Richtige sind. Zu ärgerlich!

Ich stelle mir vor, wenn ich mal drei Richtige habe und erfahren muß, daß das nur zwei Richtige sind. Dann nehme ich erst einmal einen richtigen — Schnaps. Und höre mit dem Lotto auf.

Musik auf offener Straße – reine Nervensache!

Musikanten beleben unsere Fußgängerzonen ungemein, und die Flaneure sind in aller Regel recht großzügig.
Nicht immer ist das Repertoire besonders umfangreich, aber man muß sich eben zu helfen wissen. In Berlin gibt es einen Akkordeonspieler, der offenbar nur ein Lied richtig beherrscht, das er unaufhörlich wiederholt: »La Paloma«.
Sein Trick besteht darin, sich jeweils an einem Geschäftseingang zu postieren. Spätestens nach einer halben Stunde kommt der genervte Besitzer raus und drückt dem Akkordeonspieler 20 Mark in die Hand — damit er verschwindet. Er nimmt das Geld und zieht einen Laden weiter, wo die »Weiße Taube« erneut zum Landeanflug ansetzt.
Besonders gefürchtet sind Ein-Lied-Musikanten bei den Besitzern von Straßencafés. Café-Gäste lieben Musik als Untermalung, aber ständig wiederholte Weisen wie »Mein Vater

war ein Wandersmann«, »Warum ist es am Rhein so schön« oder Rührstücke wie »Ich hab' Ehrfurcht vor schneeweißen Haaren« vertreiben die Gäste.
In einem Fall soll ein Café-Besitzer einem als Nervensäge gefürchteten Akkordeonspieler an einem Sonnabend sogar 50 Mark gezahlt haben, damit er gar nicht erst anfängt zu spielen. Eine Art Schutzgeld gegen akustische Umweltverschmutzung. Hier zeigt sich, wie nützlich es ist, sein Kind mit einem Musikinstrument vertraut zu machen. Wenn er später sonst nichts erreicht, bietet sich immer noch ein lohnendes Betätigungsfeld.

»Fräulein« darf man nicht mehr sagen

Wenn meine Oma, eine waschechte Berlinerin, einkaufen ging, sprach sie grundsätzlich jede Verkäuferin, egal wie alt, mit »Frollein« an. Manchmal auch mit »Frolleinchen«. Meines Wissens hat sich darüber niemals eine so Angesprochene beschwert.

Heute hat die Anrede »Frollein« den Rang einer Beleidigung. Das sagt man nicht. Es gilt als nahezu sexistisch, eine Frau in der Öffentlichkeit als unverheiratet zu outen — das klingt wie eine Aufforderung zum Tanz unter der Devise: »Aha, die ist noch zu haben. Dann mal ran ...«

Daher zuckte ich förmlich zusammen, als ich in einem Kaufhaus hörte, wie eine Kundin eine Verkäuferin etwa gleichen Alters fragte: »Frollein, können Sie mir bitte sagen, wo es Lederwaren gibt?«

Darauf die Verkäuferin in Wahrnehmung ihres Dienstes am Kunden: »Bestimmt nicht in der Gardinenabteilung ... Außerdem: Ich bin 53 Jahre alt und seit 30 Jahren kein »Frollein«

mehr. Und was die Lederwaren angeht, die sind, so lange dieses Kaufhaus besteht, im ersten Stock.«

Die heftige Reaktion macht zweierlei deutlich: In diesem Haus haben gute Beratung und ein freundlicher Umgangston einen hohen Stellenwert. Und was das »Frollein« angeht — da müssen Kunden eben eine gewisse Lernfähigkeit entwickeln. Nicht auszudenken die Reaktion, wenn diese beleidigende Anrede einem Mann über die Lippen gekommen wäre.

Ich habe einmal in einem Berliner Literaten-Café, wo mich das Personal auf das heftigste ignorierte und ich allmählich in Eile war, einer vorbeihastenden Kellnerin zugerufen: »Frollein, zahlen bitte!«

Na, die Reaktion hätten Sie erleben sollen. Den Lesern der Sonntagszeitung fiel vor Entsetzen das Blatt aus der Hand, die Wiener-Melange-Trinkerin sah mich ungläubig an: So sieht also einer aus, der die Zeichen der Zeit noch nicht erkannt hat. Die Serviererin war sprachlos und beleidigt. Sie schüttelte nur den Kopf. So einen Chauvi wie mich hatte sie noch nie bedienen müssen.

Ich habe dann noch eins draufgesetzt und ihr fünf Mark Trinkgeld gegeben. Und zwar mit der Bemerkung: »Für die Brautschuhe ...«

Politisch, praktisch, gut: 7 Stunden Arbeit in 6 Tagen!

Die Reiselust von Politikern ist sprichwörtlich. Da sie sich in ihren diversen Unter- und Hauptausschüssen alles selbst genehmigen können, gehen sie großzügig um bei ihren Plänen und vor allem bei der Auswahl ihrer Reiseziele.

Erst mehr als ein Jahr später wird der Bundesrechnungshof Ausgaben und Effizienz dieser Reisen kritisch unter die Lupe nehmen — ein Ritual der Lächerlichkeit, denn die Gescholtenen geloben Besserung und denken sich munter neue Spritztouren auf Rechnung der Steuerzahler aus.

Verkehrsausschüsse reisen sehr gerne nach Japan, um sich dort vor Ort über das Funktionieren der Tokioter U-Bahn zu informieren. Dabei weiß jeder Mensch, daß U-Bahnfahren in Tokio — vor allem zu den Stoßzeiten — einem Selbstmordversuch gleichkommt. Wesentliche Erkenntnisse, die daheim von Nutzen wären, sind eigentlich nicht zu erwarten. Aber: Reisen bildet bekanntlich, und da hat so manch gewählter Volksvertreter sicher einen Nachholbedarf.

»Lustreisen« nennen die Politiker selbst diese eher sinnleeren Dienstfahrten, die im wesentlichen in der Wahrnehmung eines sorgfältig zusammengestellten Rahmenprogramms bestehen.

Zu den herausragenden Reiseunternehmen des Jahres 1993 zählt ohne Frage der Aufbruch des Berliner Petitionsausschusses. Dessen Leiter, Tino Schwierzina, ist stellvertretender Parlamentspräsident. Gleich mit 17 Mitgliedern seines Gremiums, das Hilferufe von Bürgern zu behandeln hat, wird er eine Woche lang durch Österreich, Tschechien und die Slowakei reisen. Obgleich die Fahrt als »Informationsreise« deklariert ist, sind nur insgesamt sieben (!) Stunden für Dienstgespräche über das Petitionswesen vorgesehen. Der weitaus größte Teil der Zeit wird zur Besichtigung von Sehenswürdigkeiten in Prag, Preßburg, Wien und Rust im Burgenland aufgewandt. Einen Tag lang wollen sich die Abgeordneten bei einer Bootstour auf dem Neusiedler See und anschließender Kutschfahrt durch den Nationalpark Seewinkel von ihrer

aufreibenden Mission erholen. Die Abende, so sieht es das Programm vor, werden zumeist von opulentem Essen und Trinken ausgefüllt sein. Deutschlands Botschafterin gibt sogar einen Empfang für die fidele Reisegruppe. In Wien stehen mehrere Heurigen-Abende auf dem Programm. Schon nachmittags ist eine »Weinverkostung« vorgesehen.
Man kann sich schon vorstellen, mit welch wichtigen Erkenntnissen über die Notfälle von Bürgern und deren Bitten um Hilfe und Unterstützung die Damen und Herren wiederkehren werden. 80000 DM muß der Steuerzahler für diese Jux-Reise zahlen.
Kurios: Am selben Tag, an dem diese pure Steuerverschwendung bekannt wurde, berichteten die Medien, daß die Realeinkommen durch höhere Preise und Steuern künftig deutlich sinken werden. Die »Berliner Morgenpost« schrieb: »Das Leben in Deutschland wird sich in den kommenden Jahren drastisch verteuern. Als Grund nennt das Bonner Ministerium die geplante Steuer- und Abgabenerhöhung und eine über den zu erwartenden Lohnerhöhungen liegende Steigerung der Verbraucherpreise.«
In dieser Situation sind natürlich auch Politiker. Aber vielleicht trifft es sie ja nicht so

hart: Sie verdienen überdurchschnittlich. Und für ihre Reisen zahlen sie nichts.
Kann schon mal vorkommen, daß ein in Not geratener Berliner Bürger beim Petitionsausschuß anklopft und ein Schild mit dem Hinweis entdeckt: »Geschlossen. Der Petitionsausschuß informiert sich in der Karibik!«

Urlaubsfreuden '93

Mehrere tausend Deutsche werden ihren Sommerurlaub '93 nie vergessen, weil er für sie ein Alptraum gewesen ist. Gemeint sind jene bedauernswerten Urlauber, die mit einem Billiganbieter nach Florida geflogen waren. Aus heiterem Himmel erfuhren sie von der Hotelleitung, daß sie umgehend ihre Zimmer zu räumen hätten und daß ihr Pauschal-Arrangement wertlos sei. Ähnliche Erfahrungen machten Urlauber in Portugal. Das Touristik-Unternehmen hatte nämlich Konkurs angemeldet. Das schlimmste: Sämtliche Rückflüge waren ungültig bzw. überhaupt nicht existent. Der Veranstalter hatte zwar kassiert, aber nicht gebucht. Nun sah so mancher Deutsche abends in den Tagesthemen oder in den anderen Nachrichtensendungen auf dem Bildschirm, wie seine Freunde oder Angehörigen mutlos auf dem Flughafen herumlungerten. Alleingelassen auch von den deutschen Behörden, die keine gesetzliche Vorsorge getroffen hatten.

Irgendwann waren unsere Urlauber schließlich alle wieder daheim: ausgemergelt und viele total verschuldet, denn zum Nulltarif wollten nur ganz wenige sie nach Hause fliegen. Hier bestätigte sich in einer dramatischen Variante das Empfinden vieler, wonach das Streben in die Ferne verständlich und schön sei, die Heimkehr in gesunder und ausgeruhter Verfassung aber auch seine Reize habe. Oder wie es in einer bekannten Volksweise heißt: »In der Heimat, ja, da ist es doch am schönsten ...« Kein Wunder. Übrigens: Unsere Freundin Birgit kam sehr erholt von ihrem Sprachkurs in Florenz zurück. Sie wurde nur zweimal überfallen und überhaupt nicht vergewaltigt. Und: Meinem alten Freund und Klassenkameraden Thomas Stein ist in Marseille sein eigenes Flugzeug, eine kleine einmotorige Piper, geklaut worden. »Zu ärgerlich«, sagte er.

Susi Super, unser kleiner Max und ich hatten in diesem Sommer überhaupt keinen Urlaubsärger. Wir fahren immer erst im Herbst.

Warum so viele West-Hunde so schrecklich deprimiert sind

Nun ist eindeutig bewiesen: Die Gewalt nimmt nicht nur bei Menschen zu, sondern auch bei Hunden. Die Gesundheitsverwaltung des Berliner Senats hat eine Bißstatistik vorgelegt, aus der hervorgeht, daß 1992 in der Hauptstadt exakt 1792 Hunde zugebissen haben. In 1409 Fällen war ein Mensch das Opfer, in den anderen Fällen fielen unsere lieben vierbeinigen Freunde über eigene Artgenossen her. Im Vergleich zum Vorjahr weist die Statistik einen Anstieg von 4,5 Prozent aus.

Ein Psychologenteam hat versucht, eine Erklärung für diese Entwicklung zu geben.

Das Verhalten der Hunde, so heißt es, hänge zusammen mit der hohen Arbeitslosenquote in Deutschland. Vor allem Tiere in den neuen Bundesländern fühlten sich nach der politischen Einheit des Landes entwurzelt und

würden einer für sie ungewissen Zukunft entgegensehen.
Schlimmer dran als die Ost-Hunde sind jedoch die West-Hunde. Jahrzehntelang lebten sie unbekümmert und genossen ihren Wohlstand.
Jetzt, in einer Zeit der wirtschaftlichen Rezession, hätten die alten Verhaltensmuster keinen Bestand mehr. Gelangweilt und motivationslos schlendern sie mit Herrchen oder Frauchen durch die Parkanlagen.
Der dadurch entstehende Aggressionsstau könne sich schon mal bei geringem Anlaß entladen, etwa beim Auftauchen von kleinen Kindern oder Joggern, sagen die Experten. Beim Senat wird daher aus Sicherheitsgründen die Abschaffung aller Kinder erwogen sowie ein Park- und Waldverbot für Jogger.
An ein Verbot zur Haltung eines Hundes ist nicht gedacht. Der Tierfuttermarkt sei eine für die Wirtschaft zu bedeutende Branche, heißt es in Senatskreisen.
In Berlin, der hundeverrücktesten Stadt Deutschlands, leben zirka 130 000 Hunde. Sie bescheren der Metropole eine Wurst-Decke von 20 Tonnen täglich. Denn wenn sie nicht beißen, dann ... sie.

Versuch's mal einen Monat später

Peinlich ist es, wenn man den Geburtstag eines lieben Menschen vergißt. Die Ehrentage der nächsten Angehörigen hat man ja im Kopf, aber bei manchen Freunden und Bekannten ist man schon auf eine gute Buchführung angewiesen. Ich habe mal nachgezählt: In meinem Kalender sind 68 Geburtstage notiert, von den anderen Anlässen ganz zu schweigen. Da kann es schon mal vorkommen, daß man am Jahresende beim Übertragen der Daten durcheinander gerät.

Ich habe letztens einen alten Bekannten, den ich jahrelang nicht mehr gesehen hatte, angerufen, um ihn mit meinem Glückwunsch zu überraschen, was mir übrigens auch gelang.

»Alter Junge«, meinte ich, »herzlichen Glückwunsch zum Geburtstag, alles Gute!«

Schweigen am anderen Ende der Telefonleitung.

»Zu meinem Geburtstag ...?« fragte mein Freund.

»Ja«, sagte ich, »da staunst du, was? Ich kann deinen Geburtstag nie vergessen. Weil du am gleichen Tag Geburtstag hast wie meine Oma.«
Jetzt kam mir ein gewaltiges Gelächter entgegen: Als sich mein Freund wieder beruhigt hatte, meinte er: »Ich freue mich, daß du anrufst. Und es ist schön, daß heute deine Oma Geburtstag hat. Aber bei mir mußt du es einen Monat später noch einmal probieren. Ich habe nicht am 14. September, sondern am 14. Oktober Geburtstag.«
Unangenehm!
Eine frühere Freundin habe ich verärgert, als ich ihr zum »schönen runden 40. Geburtstag« einen Gruß mit entsprechender Karte schickte. Sie reagierte eher ungehalten und ließ mich durch einen Kartengruß wissen, daß sie Glückwünsche zu ihrem 38. Geburtstag erhalten habe und sich bedanke ...
Ich habe Verständnis für Leute, die sich darüber ärgern, wenn man sie für älter hält als sie sind. Es hat lange gedauert, bis ich meiner Kollegin Jo de Haas die folgende Frage verziehen habe: »Bernd, wo hast du eigentlich die letzten Kriegstage verbracht?« (Ich bin 1950 geboren ...)
Was die Geburtstage angeht: Einen werde ich

nie vergessen, obwohl ich ihn nicht in meinem Verzeichnis notiert habe. Das ist der Geburtstag von Rüdiger am 29. Februar. Man müßte eigentlich gar nicht darauf hinweisen, daß Rüdiger, dieser Geizhals, über sein Geburtsdatum (inzwischen) sehr glücklich ist. Muß er uns doch nur alle vier Jahre zur Geburtstagsfeier einladen ...

Die Angst des Buchhändlers vor den Autoren

Die Buchhändler kennen ihre Pappenheimer — jene als Kunden getarnten Flaneure, die gezielt zu einem Regal gehen, ein Buch herausnehmen, darin blättern und es wieder zurückstellen, natürlich wesentlich auffälliger als vorher. Keine Frage: Bei diesen Leuten handelt es sich um die Buchautoren selbst ...

Wer Bücher schreibt, kommt an keinem Buchladen vorbei, ohne sich zu vergewissern, ob die eigenen Werke auch ja gut plaziert sind. Die Chance, »Nachbesserungen« vorzunehmen, wird sich kaum ein Autor entgehen lassen.

In meinem Westender Kiez in Berlin-Charlottenburg gibt es eine wunderbare Buchhandlung, den »divan«. Dort habe ich, als ich mit Buchveröffentlichungen begann, zuweilen schon mal etwas nachgeholfen, aber wirklich nur ein bißchen.

Es war mehr eine Art Reflex, als ich mein

neues Buch so hinstellte, daß das neue Werk von Ephraim Kishon ein bißchen verdeckt wurde. Gewiß, so etwas ist häßlich. Aber erstens hat Kishon schon 40 Millionen Bücher verkauft, also ein paar mehr als ich; zweitens hat er Sinn für Schlitzohren; drittens habe ich bereits als Schüler von meinem kargen Taschengeld seinen »Blaumilchkanal« gekauft. Da hat man das Recht, mal etwas zu manipulieren.

Ich erinnere mich an eine Situation, in der mich mein Kollege und Kiez-Nachbar Peter Auer bei genanntem Tun erwischte.

Ihn treffe ich regelmäßig im »divan«. Auch er ist ein schneidiger und emsiger Zurechtrücker seiner Werke. Wir verdanken diesem fleißigen und weit über seine Zwei-Zimmer-Wohnung hinaus bekannten Schriftsteller so hinreißende Bücher wie »Die Verhältnisse zwingen zur Bewirtschaftung«, »Berlin von oben« und »Die Großen vom Gendarmenmarkt«.

Meistens gehen wir nach unserer Buchladen-Tätigkeit in ein Café und führen Gespräche über das schwere Los von Buchautoren.

Einmal trafen Peter Auer und ich sogar zwei andere Freunde. Prof. Christoph Rueger, Musikwissenschaftler in Berlin, rückte seine »Musikalische Hausapotheke« zurecht, das

Buch gehört zu den großen Bestsellern der neunziger Jahre. Und dann war da noch der berühmte »Koki« alias Bodo Kochanowski. Dieser liebenswürdige Journalist hat in seiner Tätigkeit als Film-Redakteur der »BZ« so ziemlich alle Hollywood-Größen zur Brust genommen, gilt als Busenfreund von Brigitte Nielsen und ist meistens in Begleitung von jungen und attraktiven Frauen.
Bei der Damen-Wahl hatte er immer Fortune, aber bei der Auswahl von Verlegern hatte er weniger Glück. Titel wie »Hilfe, mich lieben Zwillinge!« oder »... und immer wieder Liebe« hätten ein weitaus größeres Publikum verdient. Und so fand unser Freund »Koki« im »divan« leider nicht seine Bücher, sondern nur uns — den Peter, den Christoph und mich. Wir sind anschließend zum Italiener gegangen. »Koki« hat uns alle eingeladen.
Manchmal tun mir die Buchhändler leid. Der Laden ist voll, aber kein Mensch kauft etwas ...

Wie finde ich bloß meine Klangwelt?

Die Radio-Landschaft in der Bundesrepublik Deutschland ist sehr unübersichtlich geworden. Man kennt sich kaum noch aus. Jeder Sender — ob öffentlich-rechtlich oder privat — sucht sich seine eigene Zielgruppe. Jeder von uns ist, ob er es will oder nicht, selbst eine Zielgruppe.
Vor langer Zeit gehörte ich noch zur »Wir um 30«-Gruppe. Aber das ist schon Nostalgie. Inzwischen geht einem der legendäre APO-Spruch »Trau keinem über 30« nur noch mit Wehmut über die Lippen.
Nicht mehr 30, aber auch noch kein »falscher Fünfziger«, befinde ich mich in der vermutlich langweiligsten aller Altersgruppen. Man ist nicht mehr jung, aber auch noch nicht alt. Man hat schon eine Menge gearbeitet, aber man hat auch noch einen langen Weg vor sich.
So einer wie ich macht es den Funkleuten besonders schwer. Wie sollen sie mich »errei-

chen«? Ich gehöre zu einer schwierigen Zielgruppe. Kein Wunder, wenn ich mich bei keinem Sender zu Hause fühle. Ich bin ein Senderhopser und schalte unaufhörlich um.
Manchmal gehe ich fremd und schalte auf einen Heavy Metal-Kanal, was mir altersmäßig im Grunde nicht zusteht. Dann mogele ich mich auch mal bei den Dreißigern ein und bewundere die saloppe Sprache der Moderatoren.
Gern bin ich Gast im Klassik-Radio. Dort muß man keine altersmäßigen Voraussetzungen mitbringen, was mir ein schlechtes Gewissen erspart.
Auch für einen Radiohörer ist es wichtig, an die Zukunft zu denken. Da kam mir die Meldung gerade recht, daß demnächst ein Senioren-Sender den Betrieb aufnimmt. Wim Thoelke betreibt diesen Kanal und will die Altersgruppe ab 50 gewinnen. Auch Mittvierziger, heißt es, würden ihre Klangwelt finden.
Es gibt keinen Zweifel daran, daß der Senioren-Sender MICH ansprechen will. Das ist einerseits recht freundlich, andererseits stimmt es allerdings auch betrüblich. Wird man doch einer Altersgruppe zugeordnet, der man sich noch weit entfernt wähnte. So schnell kann

es gehen: gestern noch bei den Rebellen, heute schon bei den Grufties.
Was wird mir die Radio-Zukunft bringen? Heino und Hannelore? Ernst Mosch? Margot und Maria Hellwig? Die Wildecker Herzbuben? Egal, irgendwas wird sich für mich finden lassen.
Was mich tröstet: Man wird ja nicht alleine alt. Auch die Moderatoren, die in der Beat-Ära groß herauskamen, sind inzwischen an die 50. Kann es ein schöneres Gefühl geben, als zusammen alt zu werden?

Bluthochdruck in Potsdam

Jeder Mensch braucht Aufgaben. Eine solche kam auch auf mich zu. Es war im vergangenen Sommer, als die schöne Stadt Potsdam ihr 1000. Stadtjubiläum feierte. Der historische Ort wurde zur »Feststadt der 1000 Lustbarkeiten« — überall wurde getanzt und gefeiert.

Die Medien berichteten ausführlich über dieses Ereignis, natürlich auch meine Zeitung, die »Berliner Morgenpost«.

Wenige Tage, bevor sich die Feierlichkeiten mit einem zweitägigen Festrausch dem Höhepunkt näherten, fragte mich mein Chefredakteur auf dem Flur, ob ich nicht als Vertreter unserer Zeitung ein Bühnenprogramm darbieten könnte.

Ich zuckte zusammen und sagte: »Ich bin Redakteur und kein Artist!«

»Nein«, erklärte mir mein Chef, »Sie sollen ja nichts vorführen, sondern nur ein bißchen moderieren.«

Die Zeitung hätte zusammen mit den Hör-

funk-Kollegen des Senders Antenne Brandenburg eine Bühne installiert. Es solle ein Quiz veranstaltet werden, und da wäre es sehr schön, wenn ich da mitmachen könnte und ein paar Fragen zur Geschichte Potsdams stellen würde. Die ganze Angelegenheit dauere vielleicht zweimal 15 Minuten ...
Bernd, das wirst du wohl leisten können, dachte ich, und sagte zu. Der Versuch, einem Chefredakteur etwas auszureden, ist ohnehin ein schwieriges Unterfangen.
Am Tag vor meinem großen Auftritt besuchte ich schon einmal den Tatort. Meine Kollegin Heidi Kuphahl war im Einsatz. Ich konnte mich also schon darauf einstellen, was morgen auf mich zukommen würde. Heidi machte ihre Sache ausgezeichnet. So gut, daß ich es schon mit der Angst zu tun bekam ...
Das Programm, immer verfolgt von mehreren hundert Flaneuren, war sehr abwechslungsreich: Die Funk-Kollegen machten auf der Bühne ein paar Witzchen, dann gab es einen Karaoke-Wettbewerb — ein Potsdamer, der aussah wie Freddy Quinn, aber nicht so sang, intonierte »Junge, komm bald wieder« —, ja, und unsere Heidi machte ihr Quiz.
Das wird nicht sehr problematisch werden, sagte ich mir.

Als ich am nächsten Morgen an meinem Einsatzort ankam, begrüßte mich der Redakteur der Sendung mit den Worten: »Guten Tag, Herr Philipp, ich habe eine gute und eine schlechte Nachricht für Sie. Welche möchten Sie zuerst hören?«
»Die schlechte, bitte«, sagte ich.
Darauf der Funk-Mann: »Wir haben heute kein Rahmenprogramm, also auch keine Karaoke-Show. Und von uns kann auch niemand auf die Bühne kommen ...«
»Oje«, sagte ich, »das ist ja furchtbar. Ich habe noch nie auf einer so großen Bühne gestanden. Ich dachte, wir würden gemeinsam ... Aber was ist denn nun die gute Nachricht?«
»Die Bühne gehört jetzt zwei Stunden lang Ihnen — ganz allein!«
Ich war verblüfft. Vielleicht hat er mich mit Udo Jürgens oder mit Wolfgang Lippert verwechselt — denen macht es nichts aus, zwei Stunden lang allein auf einer Bühne zu stehen. Im Gegenteil.
In diesem Augenblick tiefster Verzweiflung tippte mir mein Freund Rüdiger auf die Schulter und meinte: »Ich muß doch mal sehen, wie du den Laden hier schmeißt. Gibt es für die Freunde der Akteure Freibier ...?«

Nun kam der Redakteur und meinte: »So, jetzt kann es losgehen!«
12 Uhr mittags: mein Auftritt ...
Um es kurz zu machen: Ich habe ihn überlebt. Auch das Publikum nahm keinen Schaden und spendete freundlichen Beifall. Nur einmal war ich ziemlich ratlos, und zwar als ein heftiger Windstoß mein Manuskript mit den Fragen wegblies.
Ein Quizmaster ohne Fragen ist eine traurige Gestalt. Wie schön, daß eine Zuschauerin reaktionsschnell zugriff und mir mein Programm wieder aushändigte. Ich weiß jetzt, daß Live-Programme von vielen Zufällen abhängig sind.
Am Tag nach meinem Auftritt war mein Blutdruck wieder ganz normal.
Mein Chefredakteur meinte, ich hätte die Sache sehr schön hingekriegt. Dann fragte er: »Hat es Spaß gemacht?«
Ich weiß nicht, ob er mich oder die Zuschauer meinte ...

Ich bin eine einzige Risiko-Gruppe ...

»Life is dangerous anyhow«, sagen die Amerikaner — Irgendwie ist das Leben immer gefährlich.

Zu dieser Erkenntnis sind nun auch die deutschen Krankenkassen gelangt. Erneut fordern sie vehement die Schaffung sogenannter Risiko-Gruppen. Raucher und Konsumenten, die gerne einen heben und wegen ihrer ungesunden Lebensführung ihre Krankheiten selbst verursachen, sollten künftig bei der Behandlung mit hoher Eigenbeteiligung zur Kasse gebeten werden. Warum soll einer, der sein Leben lang nur Tomatensaft trinkt und als Suchtverhalten lediglich Kaugummikauen anführen kann, genauso hohe Krankenkassenbeiträge zahlen wie sein Nachbar, der jedes Jahr eine Entziehungskur macht?

Spannend wird es, welche Risiko-Gruppen es noch geben wird. Ich bin unbedingt für Skifahrer! Milliarden müssen die Krankenkassen jedes Jahr für die Behandlung von »verunfallten« Skihasen hinblättern, die sich überschätzen und den Abhang hinunterpurzeln. Erschwerend kommt bei dieser Risiko-Gruppe hinzu, daß die genesenen Skifahrer unverzüglich wieder in den Winterurlaub fahren und somit potentielle Wiederholungstäter sind. Unverantwortlich!

Natürlich ist Sport grundsätzlich eine Gefahr. Denken wir nur an die Fußballer, bei denen das Treten zum Berufsbild gehört. In den deutschen Squash-Centern macht es jede Stunde einmal »plong« — und schon wieder ist eine Achillessehne gerissen.

Die Wartezimmer der Orthopäden sind überfüllt mit unbegabten Tennisspielern, die den Schläger nicht richtig halten und sich einen »Tennisarm« behandeln lassen.

Und dann erst die Autofahrer! Sie werden möglicherweise von den Krankenkassen von vornherein nicht aufgenommen beziehungsweise ausgeschlossen. Das gilt auch für Radfahrer, die wie angeschossene Brotfliegen durch die Straßen und über Bürgersteige schießen und jede Verkehrsregel ignorieren.

Auch ich muß damit rechnen, aus meiner Krankenkasse zu fliegen: Als Autor des Sachbuches »Müssen Frauen sein?« bin ich Gefahren ausgesetzt, die vermutlich von meiner Kasse nicht getragen werden ...

Wird Mallorca ein deutsches Bundesland?

Die Bundesrepublik Deutschland wird immer größer. Nachdem aus der ehemaligen DDR fünf neue Bundesländer geworden sind, denkt so mancher darüber nach, was noch so alles einverleibt werden könnte.
Wie schön, daß es die parlamentarische Sommerpause gibt; denn in dieser Zeit findet sich noch immer der eine oder andere Hinterbänkler, der sonst in der Öffentlichkeit kein Gehör findet und nun die Chance sieht, endlich mal mit mutigen Ideen ganz groß rauszukommen.
Einer dieser Sommerlochfüller machte den Vorschlag, aus Mallorca ein — deutsches Bundesland zu machen!
»Wird Mallorca deutsch?« fragte eine Zeitung, die für gewöhnlich gut im Bilde ist. Jener Bonner Politiker hatte argumentiert, daß sich auf Mallorca inzwischen wesentlich mehr Deutsche als Spanier aufhielten, daß deutsche Touristen die Insel überhaupt am Leben er-

hielten und daß Mallorca ohnehin gänzlich in deutscher Hand sei.
Auch auf die Frage, wie man denn Spanien dazu bringen könne, einfach eine Insel abzutreten, hatte der große Visionär eine Antwort: Man könne die Insel doch einfach kaufen oder für 99 Jahre pachten! Mal eine gänzlich unblutige Landnahme — eine echte Alternative zu dem weltweit praktizierten Gemetzel.
Außerdem: Auf Mallorca erinnert ohnehin nicht mehr viel an Spanien. Die Kneipen heißen »Bei Peter«, »Hofbräuhaus«, »Zur Zeche« oder »Schinkenschenke«. Es gibt einen deutschen Rundfunksender — und eine Pension in Arenal führt den landestypischen Namen »Helga & Udo«. Da sollen sich die Spanier nun mal nicht so haben und ihr Eiland flugs den Deutschen vermachen. Wir wollen es ja nicht geschenkt haben! Außerdem kommen sie dann in den Genuß der deutschen Krankenversicherung, und Sancho — das ist der Typ, der in der Hauptsaison immer die saukomischen Schweinerennen veranstaltet — kann mit 57 schon in den verdienten Vorruhestand gleiten, nachdem er zuvor in Bad Wörishofen sein Rückenleiden auskuriert hat. So hätte die Invasion der Deutschen für alle Seiten nur Vorteile.

Dem Bonner Politiker, der — warum nur? — ungenannt bleiben möchte, sei gedankt. So lange unser Land von derart kreativen Köpfen regiert wird, muß uns nicht bange sein.
Übrigens: Was ist eigentlich mit Australien ...?

Soll man zum Hochzeitstag gratulieren oder kondolieren?

Einmal im Jahr kommt für den verheirateten Mann ein Tag, dem er bange entgegensieht: der Hochzeitstag.
Es gibt ja bekanntlich glückliche und weniger glückliche Ehen, und so ist die Vorfreude auf diesen Tag von Fall zu Fall höchst unterschiedlich groß.
Die Erstgenannten werden vielleicht am Hochzeitstag ins Theater oder in ein Konzert gehen und anschließend ein gutes Restaurant aufsuchen.
Die weniger Glücklichen neigen eher dazu, den Tag X zu verdrängen. Psychologisch gesehen ist das auch nur verständlich. Man schiebt das Böse eben von sich — im Unterbewußtsein, versteht sich. Für diese Gruppe von Männern war der Hochzeitstag ja quasi der Anfang vom Ende. Und den Beginn der Vergattung (lies: Vergatterung) auch noch zu

Mein herzliches
Beileid
zur
Hochzeit

feiern, wäre in diesem Falle natürlich der reinste Hohn. Man feiert ja auch nicht den Jahrestag eines Autounfalls oder den Ausbruch einer lang anhaltenden Krankheit. In solchen Fällen weiß man nie genau, ob man zum Hochzeitstag gratulieren oder doch besser kondolieren sollte.
Manche Männer schenken ihren Frauen zum Hochzeitstag rote Rosen — für jedes Jahr eine. Das mag bei Kurzzeit-Ehen finanziell erschwinglich sein — bei Ehen, die 30 Jahre und länger währen, führt diese Geste zwangsläufig in den Ruin.
Mein sparsamer Freund Rüdiger zum Beispiel, der seine Ehe mit Bruni kritisch mit der Schulnote »ausreichend« bewertet, lehnt am Hochzeitstag jede zusätzliche Ausgabe ab. »Die Ehe«, sagt er, »ist ohnehin schon teuer genug, da muß man nicht noch zum Hochzeitstag das Geld zum Fenster hinauswerfen.«
Immerhin setzt er seiner Frau ein Zeichen der Zusammengehörigkeit, indem er am Hochzeitstag den Ehering anlegt. Bruni findet dies allerliebst und ist ihrem Mann für dieses, zugegeben zeitlich begrenzte, Signal als Zeichen der Liebe richtig dankbar. Was zeigt, daß es wirklich noch bescheidene Frauen gibt.
Schlimm dran sind Männer, die die Segnun-

gen der Ehe bereits mehrfach erfahren durften. Bei solchen Mehrfachtätern herrscht ein heilloses Zahlendurcheinander im Kopf — müssen sie nicht nur an den aktuellen Hochzeitstag denken, sondern sind auch noch belastet mit der Tatsache, daß in ihren Gehirnwindungen die ganzen Geburtstage der Geschiedenen markiert sind.
Auch kann es böse Folgen haben, wenn man den Hochzeitstag mit dem Geburtstag der Ex-Schwiegermutter verwechselt. Hier heißt es: Buchführung ist die erste Männerpflicht!

Lauter gute Nachrichten…

In der Schweiz ist jüngst ein Magazin erschienen, das nur gute Nachrichten veröffentlicht. »Das Positive« heißt die Gazette, die ihren Lesern ausschließlich Freude bereiten will. Kein Mord in Sarajewo, kein Bombenterror gegen Urlauber in der Türkei, keine Entführungen und keine Flugzeugabstürze. Auch keine Hungerstreiks und keine Skandale.
Was wird bloß übrigbleiben? Vielleicht dies:
In Japan ist eine Schippe umgefallen. Es wurde niemand dabei verletzt. Ist das nicht interessant? Oder: In Malmö wähnte sich eine Hausfrau dem Tode nah, weil sie meinte, ein Einbrecher würde sie von hinten erwürgen. Aber — wie schön — es war nur der betrunkene Ehemann, der seine Frau mit einer Laterne verwechselt hatte.
In Zürich hat ein Bettler einen arbeitslosen Lehrer zu einer warmen Mahlzeit eingeladen. Der Lehrer beschloß, auf dem zweiten Bildungsweg Bettler zu werden, um sich eines Tages revanchieren zu können.

Solche Meldungen, die unser aller Herzen erfreuen, könnte man beliebig fortsetzen. Und da zeigt sich: Die Welt ist voll von guten, wunderbaren Ereignissen.
Auch ich möchte aus meinem ganz privaten Bereich ein paar dieser versöhnlich stimmenden Erlebnisse schildern.
Meine erste positive Nachricht: Spät in der Nacht klingelte es äußerst heftig an unserer Wohnungstür. Wir wären sicherlich vor Schreck in den Betten hochgefahren, aber wir waren zum Glück nicht zu Hause.
Meine zweite positive Nachricht: Susi Super las mir mein Horoskop vor: »Sie stehen vor schwierigen Entscheidungen und Herausforderungen. Um den Aufgaben gewachsen zu sein, sollten Sie Rücksicht nehmen auf Ihren angeschlagenen Gesundheitszustand. Insbesondere das Herz könnte Ihnen Probleme bereiten ...« Als ich ein sehr besorgtes Gesicht machte, lachte Susi laut auf: »Denk doch nur, mein Schatz«, sagte sie, »ich habe mich doch tatsächlich geirrt und dir das Fische-Horoskop vorgelesen ...« Na, da war ich alter Wassermann vielleicht froh!
Meine dritte positive Nachricht: Unser kleiner Max braucht keine Windeln mehr. Ja, kann es denn für Eltern auf diesem Erdenrund eine

beglückendere Phase des Lebens geben als diese? Ist die Welt nicht schön?
Ja, vielleicht werde ich eines Tages auch mal Herausgeber einer Zeitung mit ausschließlich positiven Meldungen. Aber vermutlich wird sie auf Dauer kein Mensch lesen wollen, weil die Leser den durch Langeweile bedingten Frühtod befürchten. Und das wäre für alle — eine ganz schlechte Nachricht.

Der Seitensprung oder: So starb Ötzi wirklich!

Es gibt Leute, die kommen nie zur Ruhe. Zum Beispiel Ötzi. Noch zwei Jahre nach seinem Fund ist er nicht ordentlich beigesetzt. Statt dessen fummeln Dutzende von Wissenschaftlern und Ärzten an ihm herum. Die Untersuchungen werden noch Jahre in Anspruch nehmen. Soviel zum Thema »letzte Ruhe«.

Ein Innsbrucker Professor beschäftigte sich mit der ungemein spannenden Frage, wie der Ötzi zu dem Rippenbruch, den man bei ihm festgestellt hat, gekommen sein könnte.

Ja, so eine Rippe ist natürlich schnell gebrochen. Das ist heute nicht anders als früher. Ich habe mir mal zwei Rippen gebrochen, und zwar bei einem Fußballspiel. Aber darauf würden Forscher, die mich in fünftausend Jahren auseinanderfleddern, vermutlich nicht kommen. Zumal es Möglichkeiten, sich die Rippen zu brechen, ja reichlich gibt.

Ich habe mich mit dem Ötzi sehr intensiv beschäftigt. Und ich weiß, wie er wirklich zu seinem Rippenbruch bzw. wie er ums Leben gekommen ist. Meine Theorie läßt sich wissenschaftlich vielleicht nicht erhärten, aber widerlegen wird sie — wie in solchen Fällen üblich — vermutlich auch niemand.

Zur Sache. Wie starb Ötzi? Es war so:

Ötzi war ein Draufgänger. Ein hemmungsloser Triebmensch, der jeder gut gebauten Steinzeit-Lady hinterherlief. Frau Ötzi wußte von den hormonellen Schüben ihres Mannes, aber sie war weitsichtig genug, ihm deswegen nicht davonzulaufen. Immerhin hatten die Ötzis vier Kinder, und in der Steinzeit gab es bekanntlich keine Sozialämter, die soziale Härten abfederten.

An einem Abend, als Herr Ötzi vom Steineschleppen die Schnauze voll hatte, ging er in eine benachbarte Höhle — heute würden wir sagen, in »die kleine Kneipe in unserer Straße«.

Ötzi, so ein richtiger Charme-Bolzen, verguckte sich in ein junges Ding und machte mit ihr einen Termin aus ...

Die Gute war aber verheiratet, und als ihr mißtrauisch gewordener Mann den Braten roch, beschloß er, seiner Frau bei diesem Rendezvous heimlich zu folgen.

Am vereinbarten Treffpunkt nahm Ötzi die

von ihm Begehrte in den Arm und küßte sie. In diesem Augenblick kam ihr Mann aus einem Gebüsch und schlug unserem guten Ötzi mit einer Keule auf den Brustkorb.
Die Tiroler sind lustig? Von wegen! Der Kerl drosch derart vehement auf unseren Freund ein, daß dieser beschloß, sich erst 1991 wieder blicken zu lassen. Den Rippenbruch hat er inzwischen längst weggesteckt.
An weiteren Spekulationen, weshalb man ihn obendrein kastriert auffand, wollen wir uns jetzt nicht erg-ötz-en.

Gut »geschmiert« ist halb gewonnen

Auch ganz hübsch: In Italien ist kürzlich eine Liste aufgetaucht mit den zehn bestechlichsten Politikern — eine Top-Ten-Tabelle der besonderen Art. Auf Platz eins steht der ehemalige Sozialistenchef Bettino Craxi. 220 Millionen Mark an Schmiergeldern soll er im Laufe seines aufopferungsvollen Berufslebens kassiert haben. Was für eine Leistung!

Weniger emsig oder vielleicht auch weniger talentiert: Severino Citarisi. Der christdemokratische Senator strich nur 83 Millionen Mark ein, was dennoch für den zweiten Platz reicht.

Mit Rang drei muß sich Arnaldo Forlani bescheiden. Der frühere Parteichef der Christdemokraten brachte es nur auf 40 Millionen Mark. Bei Olympischen Spielen, Welt- oder Europameisterschaften hätte es für diese Leistung gerade mal eine Bronzemedaille gegeben.

Ganz am Ende dieser »Liste der Besten«

taucht der siebenfache italienische Regierungschef Giulio Andreotti auf. Er schaffte nur 300000 Mark. Was muß das für ein Politiker sein, der sich mit einer solch mickrigen Summe zufrieden gibt? Wie steht er da vor seinen Kindern und vor seinem Volk!?

Angst-Seminar im Supermarkt

Längst hat die Sparwelle in der Bundesrepublik Deutschland auch den Einzelhandel erfaßt. Die Supermärkte zum Beispiel sparen an Personal, und der frustrierte Kunde lädt seinen Ärger bei den völlig überforderten Mitarbeitern ab. Die müssen alle möglichen Arbeiten zusätzlich verrichten und werden dann noch von den verärgerten Kunden beschimpft.

In manchen Supermärkten bekommt man überhaupt kein Personal mehr zu Gesicht. Irgendwann wird sich dort auch kein Kunde mehr blicken lassen.

»Im Supermarkt ist der Kunde nicht mehr König«, schrieb kürzlich Deutschlands auflagenstärkste Sonntagszeitung, die Bild am Sonntag. Eine Erkenntnis, die so neu nun auch wieder nicht ist. In diesem Fall haben Marktforscher herausgefunden, daß sich jeder dritte Verbraucher beim Lebensmitteleinkauf ärgert.

KASSE
noch 500m
AHO

Ärgernis Nummer eins: Man braucht eine Mark fürs Einkaufswägelchen, aber im Portemonnaie befinden sich nur Groschen. Jetzt geht's zum Wechseln an eine Kasse. Die Kassiererin wechselt, ist aber gereizt. Wäre ich auch, wenn ich zwanzigmal in der Stunde bei meiner Arbeit unterbrochen würde (die Dame ist ja nicht als Geldwechslerin eingestellt!).
Ärgernis Nummer zwei: Das mehrmalige Anstehen. Ob am Gemüsestand, beim Fleischkauf oder an der Käsetheke — jedesmal muß man sich neu anstellen.
Ärgernis Nummer drei: Das Chaos am Gemüsestand. Die Selbsteingabewaagen bringen die Kunden zur Verzweiflung. Bananen sind nicht mehr Bananen, sondern 165, bei Tomaten drükken Sie bitte 111. Die 323 sind übrigens im Angebot. Bloß, wer will schon 323 essen?
Ärgernis Nummer vier: Das Warten an der Kasse. Es ist schon ein Phänomen: Jeder Supermarkt befindet sich permanent in einer Ausnahmesituation. Beispiele gibt es in Fülle: Geht man früh in den Supermarkt, ist nur eine Kasse besetzt — die anderen Kollegen füllen die Regale.
Geht man mittags in den Supermarkt, ist ebenfalls nur eine Kasse besetzt. Die Kollegen sind »zu Tisch«.

Geht man nachmittags in den Supermarkt, ist nur eine Kasse besetzt. Das andere Personal »bummelt Überstunden ab«.
Geht man kurz vor Feierabend in den Supermarkt, sind vielleicht drei Kassen besetzt, aber die Schlangen endlos, weil die Panikkäufer und diejenigen, die einfach mal unter Leuten sein wollen, unterwegs sind.
Möglicherweise fällt einem beim Warten ein, daß man bei der Post noch Briefmarken kaufen muß. In diesem Falle sollte man viel Zeit mitbringen: In deutschen Postämtern herrscht Personalnot …

Wenn die Brille im Kühlschrank liegt ...

Als die Königin von England eines Tages vor hochgestellten Persönlichkeiten einen Vortrag zu halten hatte, fingerte sie minutenlang in ihrer Handtasche herum. Aber fündig wurde sie nicht.

Sie hatte ihre Lesebrille vergessen, und da sie ohne diese partout nichts erkennen konnte und auch niemanden bitten wollte, ihr das Manuskript aus zwei Metern Entfernung entgegenzuhalten — mußte ihr Mann Prinz Philip die königliche Ansprache halten ...

Ach ja, die Brille. Lebenshilfe und Ärgernis zugleich. Wie viele Stunden meines Lebens habe ich damit zugebracht, meine Brille zu suchen? Es müssen Monate sein. Vielleicht sogar ein ganzes Jahr? Meist renne ich wie ein angeschossener Eber durch die Wohnung und tyrannisiere meine kleine Familie.

Susi Super macht sich dann oft mit auf die Suche, damit endlich wieder Ruhe einkehrt.

Männer, die ihre Brille suchen, findet sie unerträglich.
Ich habe meine Brille schon einmal im Kühlschrank gefunden. Dort muß sie hingekommen sein, als ich am Vorabend verzweifelt ein kühles Bier gesucht hatte. Warum ich die Brille ein anderes Mal im Schuhschrank deponierte, vermag ich allerdings nicht zu erklären.
Sehr gern verschwinden Brillen zwischen Zeitungen und Sofapolstern. Vor allem Kleinkinder lassen die Anzahl der verlorengegangenen Brillen sprunghaft in die Höhe schnellen.
Wenn ich meine Brille suche, habe ich immer erst unseren kleinen Max in Verdacht. Susi Super hat sich schon aufgeregt und gemeint, ich würde den Kleinen mit meinen Unterstellungen regelrecht kriminalisieren, was sie als unverantwortlich empfindet.
Neulich habe ich ihn einen mutmaßlichen »Brillendieb« genannt. Na, da war was los! Ein Wunder, daß die zwei mich noch nicht gleich verklagt haben ... Dabei hat Max schon mehrmals meine Brille in seinem Spielzeugcontainer verkramt. Aber Wahrheiten darf man ja heutzutage nicht mehr sagen.
Meine beiden weitsichtigen Optiker Weimann

und Habel haben mir längst zum Kauf eines Titan-Gestells geraten — da kann der Süße, wenn er mal wieder in Spiellaune ist, ruhig das Gestell verbiegen, ohne daß die Brille Schaden nimmt. An solche Investitionen habe ich, um ehrlich zu sein, nicht gedacht, als wir uns über die Anschaffung eines Kindes unterhielten.

Wenn alle Stricke reißen, gibt es ja immer noch die alten Reservebrillen, die aber leider aus der Mode gekommen sind.

Als ich neulich — mit der Ersatzbrille auf der Nase — meine »aktuelle« Brille suchte, fing Max an zu weinen.

»Mit dieser Brille siehst du aus wie Klaus Kinkel«, sagte Susi Super.

Der »Blitzschlaf« hilft beim toten Punkt

Man nennt es für gewöhnlich den »toten Punkt«, jenes Gefühl, an dem man die Arbeit Arbeit lassen und sich nur noch auf die Couch werfen möchte. Bloß, wer hat — sieht man mal vom Psychiater ab — am Arbeitsplatz schon eine Couch?

Mein »toter Punkt« ist immer um 17.00 Uhr. Ich beneide die Menschen mit einem normalen Beruf, jene, die um 17.00 Uhr bereits zu Hause sind. Bloß: Müßte ich morgens um sieben mit der Arbeit anfangen, dann wäre mein biorhythmischer Absacker vermutlich bereits um 13.00 Uhr — auch eine blöde Zeit.

Amerikanische Forscher propagieren zur Zeit den sogenannten »Blitzschlaf«. Man muß sich nur zehn Minuten hinlegen, schon — so wird behauptet — sei man putzmunter.

Der beste Zeitpunkt für den Blitzschlaf sollte gegen 14.00 Uhr sein. Es ist genau die Zeit, zu der in meiner Redaktion die Redaktionskonferenz stattfindet. Ich sehe schon meinen

CHEF
ZZZZZ
HABE
MEINEN
TOTEN PUNKT
BITTE NICHT STÖREN

Chefredakteur, wie er irritiert zur Kenntnis nimmt, daß Herr Philipp der Konferenz fernbleiben müsse, weil er gerade seinen Blitzschlaf hält.
Solche Tips können nur von Leuten kommen, die mit der Praxis des Berufsalltags nichts zu tun haben. Vermutlich sind es dieselben Ahnungslosen, die immer wieder empfehlen, man solle am Arbeitsplatz ruhig mal eine Zeitlang die Beine auf den Schreibtisch legen, um den Kreislauf anzuregen.
Ach, wie viele Leute wurden schon gefeuert, weil man ihnen diese Haltung als Arbeitsverweigerung auslegte!?
Da fällt mir doch gleich wieder der Kollege ein, über den nach seinem Ableben gehässige Kollegen spotteten: »Plötzlich und unerwartet riß ihm der Tod die Beine vom Schreibtisch.« Dabei hatte er doch immer nur den Rat wohlmeinender Mediziner befolgt.
Auch der Blitzschlaf, so fürchte ich, könnte einem falsch ausgelegt werden. Da arbeite ich doch lieber durch — und blitze zu Hause.

Wenn die Promis draußen bleiben

Pförtner oder andere Menschen, die darüber zu befinden haben, ob jemand Zutritt hat oder nicht, sind in einer psychologischen Klemme. Einerseits verdienen sie in der Regel nicht viel, andererseits gehört zu ihrem Job eine gewisse Machtfülle und läßt jene zuweilen ganz dumm aussehen, die vielleicht erheblich mehr verdienen und in gesellschaftlich höherem Rang stehen.

So mußte Boris Becker erleben, daß ihm ein »Gorilla« den Zutritt zu einer Disko mit dem Hinweis verwehrte, das Etablissement sei voll. Die Disko war jahrelang West-Berlins Nobeladresse und, wie man so sagt, ein »must« für jeden Nachtschwärmer diesseits der Verkalkung. Das Unternehmen ist inzwischen pleite gegangen. Offenbar war man bei der Auswahl der Gäste zu pingelig und hat einfach zu viele abgewiesen.

Fälle, in denen arrivierte Zeitgenossen schlicht vor der Tür bleiben, erregen stets die

Öffentlichkeit, weil die Schadenfreude eben grenzenlos ist. Und die Vorstellung, daß zum Beispiel Bundeskanzler Helmut Kohl nicht in den Bundestag gelangt, weil er seinen Hausausweis vergessen hat, ist einfach zu amüsant, um nicht kolportiert zu werden. Es gibt immer wieder Dinge, die sind so gut, daß sie nicht auch noch stimmen müssen.

Im Berliner Verlagshaus Axel Springer hält sich hartnäckig die Legende, daß einmal der CDU-Politiker Heinrich Lummer eiligen Schrittes an der Empfangsloge vorbeigerauscht sei, ohne sich vorzustellen und auf einen Besucherschein zu warten. Als das aufgebrachte Personal ihn bat, sich auszuweisen, soll Herr Lummer schlicht gesagt haben: »Ich bin der Innensenator und gehe jetzt zum Chefredakteur der ›BZ‹.« Sprach's und dampfte ab.

Solche Ungehörigkeiten sind nicht überall möglich.

Bei der Deutschen Lufthansa wurde Bundesfinanzminister Theo Waigel bei einer unfreiwilligen Zwischenlandung in Berlin der Zutritt zur VIP-Lounge verwehrt. Waigel war im Freizeitlook und in Begleitung von fünf Sicherheitsbeamten und Journalisten erschienen. Er hatte seine VIP-Karte nicht dabei. Weil er sie über Jahre hinweg nicht vorzeigen

BUNDES-
TAG
Kein Zutritt
ohne
Hausausweis
Herr Kohl!!

mußte, hatte er sie erst zwei Wochen zuvor weggeworfen.
»Vorschrift ist Vorschrift« lautet ein häufig zitiertes Motto, das nicht immer zu einer deutschen Tugend gerät.
Sei's drum: Der Herr Minister schimpfte fürchterlich, drohte mit Vergeltungsmaßnahmen, was stets so formuliert wird: »Das wird ein Nachspiel haben ...«
Hatte es auch: Die Lufthansa hat sich beim Herrn Minister entschuldigt. Vielleicht auch deshalb, weil er durch sein Amt Chef der Lufthansa ist. Aber das hat einen Mann, der seine Pflicht tut, im Grunde doch gar nicht zu kümmern ...

Harald Juhnkes Talk im Taxi

Wer oft mit dem Taxi unterwegs ist, kann eine Menge erfahren. Berlins Taxifahrer sind bekannt dafür, daß sie nicht gerade besonders verschwiegen sind. Der Verleger Axel Springer hat einmal gemeint, Taxifahrer seien eine Art Barometer für die Stimmungslage in der Stadt. Das hat sich bis heute nicht geändert.

Mir hat vor einiger Zeit ein Taxifahrer eine Story erzählt, die viele erfreuen wird.

Auf der Fahrt von Westend nach Wilmersdorf berichtete er: »Stellen Se sich mal vor: Ick steh am Halteplatz vorm Hotel Schweizerhof. Vor mir noch 'n Kolleje. Uff eenmal seh ick, wie Harald Juhnke aus 'm Hotel kommt und in dit Taxi vor mir einsteigt.

Mensch, denke ick mir so, den Juhnke möchteste ooch mal fahren. Und wat soll ick Ihnen flüstern? Meen Kolleje hält wieder an, Harald Juhnke steigt aus und direkt bei mir ein …

›Mensch‹, sage ick, ›Herr Juhnke, da freue ick

ma aber, daß ick Sie ooch mal kutschieren darf. Aber jestatten Sie mir eene Frage: Warum sind Sie denn bei meinem Kollejen eigentlich wieder ausgestiegen?‹
Daruff Juhnke: ›Dit kann ick Ihnen janz jenau sagen, juter Mann. Ick bin bei dem Kollejen da vorne einjestiegen und habe gesagt, daß ick nach Hause will. Und da hat der gefragt, wo ick wohne. Na, dit kann doch keen richtja Berliner Taxifahrer sein, wenn er nicht mal weeß, wo Harald Juhnke wohnt ...‹«
Merke: Richtig prominent ist man in Berlin nur, wenn jeder Taxifahrer weiß, wo man wohnt.
Harald der Große hatte völlig recht: Den unwissenden Taxifahrer muß es aus Posemuckel an die Spree verschlagen haben. Einem waschechten Berliner Droschkenlenker wäre ein solcher Lapsus nie passiert.
Vielleicht handelte es sich aber um einen der Regierung vorgereisten Kollegen aus Bonn? Er sollte wissen: Einem Taxifahrer in Berlin, der nicht weiß, wo Harald Juhnke wohnt, droht der Lizenzentzug!

Mit dem Heftpflaster gegen dicke Bäuche

Manche tragen ihn wie eine Auszeichnung vor sich her, andere wiederum versuchen ihn zu verstecken — den dicken Bauch.

»Mollenfriedhof« nennen ihn die Berliner in Anspielung auf die »Molle«, jenen Gerstensaft, den Männer, wenn sie in Laune sind, gleich literweise in sich hineinschütten.

Männer mit Bierbauch wissen, daß es so gut wie unmöglich ist, abzunehmen, ohne auf Bier zu verzichten. Deshalb unterlassen sie von vornherein diesen zum Scheitern verurteilten Versuch. Statt dessen geben sie sich selbstbewußt, wie man in Badeanstalten und an Stränden jeden Sommer beobachten kann. Und sie verweisen auf ihren guten Ruf — spricht man nicht immer vom »gemütlichen Dicken«? Von »gemütlichen Dünnen« hingegen haben Sie sicher noch nie etwas gehört.

Nein, mit ihrem Bierbauch haben sich Männer längst abgefunden. Sie haben ihn, wie

Psychologen sagen, »angenommen«. Nach dem Motto: »Lieber annehmen statt abnehmen.«
Für alle, die sich dennoch mit ihrem Vorbau nicht arrangieren wollen, gibt es nun einen Lichtblick. In Schweden, wo eine Flasche Bier bekanntlich so teuer ist wie hierzulande eine Flasche Weißburgunder, haben Forscher ein Pflaster gegen den Bierbauch entwickelt. Es ist mit dem männlichen Keimdrüsenhormon Testosteron imprägniert, das nach und nach die Fettpolster abbaut. Das Tollste: Man muß auf sein Pils gar nicht verzichten. Und ein weiterer angenehmer Begleitumstand: Das Hormon stärkt Lust und Liebeskraft.
Für Frauen allerdings ist dieses Pflaster kein Segen. Denn sie bekommen davon einen richtigen Bart, worauf nicht jeder Mann steht.
Ein gewöhnliches Heftpflaster allerdings kann auch bei Frauen gefahrlos und erfolgversprechend angewandt werden — einfach über den Mund geklebt.

Heuschrecken am Abend – erquickend und labend

Die Franzosen sind für ihre Küche berühmt. Denken wir doch nur an Monsieur Bocuse. Jetzt hat ein anderer französischer Feinschmecker für Aufregung gesorgt, indem er uns auffordert, Insekten zu verzehren: Bruno Comby aus Paris.

Aus dem Koran und der Bibel wissen wir, daß namhafte Persönlichkeiten wie der Prophet Mohammed, Johannes der Täufer und Jesus Christus gern mal ein paar Heuschrekken verzehrten. Aber das, so dachten wir bisher, waren ja auch ganz außergewöhnliche Menschen, mit denen wir uns nicht vergleichen wollen und können.

Nun also kommt Monsieur Comby, der sich selbst schon seit Jahren von Insekten ernährt, und schwärmt von den Krabbeltieren.

Seitdem er futtert wie ein Schimpanse, kennt er kein Rheuma und keinen Schnupfen mehr.

Die Vorzüge von Insekten sieht er darin, daß sie fettarm und reich an Proteinen sind. Außerdem: Keine andere Tierart vermehrt sich derart schnell wie Insekten — für Nachschub bzw. Vorrat wäre also gesorgt.
Stubenfliegen etwa, von uns bislang lieblos mit der Fliegenklatsche verfolgt, können in einem Jahr 100 Billionen Nachkommen erzeugen. Das ergibt — würde man den Nachwuchs im Larvenstadium »ernten« — 300 Tonnen reines Eiweiß.
Müssen wir umdenken?
Laden wir uns bald Freunde zum Fliegenauflauf ein oder zum Heuschreckenrisotto?
Wie wäre es mit einem Skarabäus-Fondue? Dazu ein trockener Chardonnay — und man gewinnt Freunde fürs Leben. Manch einem stehen bei solchen Visionen sicher die Haare zu Berge. Aber machen wir uns nichts vor: Der Verzehr von rohem Fisch — in Japan eine Delikatesse — oder das Schlürfen von Austern setzt auch schon eine gewisse Überwindung voraus. Und: Wer Muscheln und lebende Krebse kocht, Garnelen puhlt und Schnekken aus ihrem Häuschen kratzt und verzehrt, der sollte nicht die Nase rümpfen über eine Grillenpastete.
Man denke nur an Urgroßmutter, deren

»Maikäfersuppe« gerühmt wurde (nach Bertha Heydes Kochbuch von 1880). Für alle, die Bedenken in bezug auf den Geschmack haben, sei der Hinweis gestattet, daß Maden nach Tortencreme, Wasserwanzen nach Gorgonzola, Wespenlarven nach Mandeln und Spinnen nach Erdnußbutter schmecken sollen.

Ebenfalls kulinarisch reizvoll: Feldgrillen, Kakerlaken, Bockkäfer, Ameisen und Wüstenheuschrecken — aber bitte nur al dente!

Es geht Monsieur Comby nicht nur um eine Erweiterung des alltäglichen Speiseplans, sondern um eine langfristige Sicherstellung der Welternährungslage. Ein lobenswerter und verdienstvoller Ansatz. Aber vielleicht kann er sich ja doch noch etwas anderes einfallen lassen.

Ich drücke ihm die Daumen!

Meine Doppelgänger bringen mich noch in den Knast

Ich trank gerade meinen Frühstückskaffee, blätterte in der Zeitung und blieb in der Rubrik »Aus aller Welt« hängen. Diesen Zeitungsteil lese ich besonders gern, weil man kurz und knapp informiert wird über wichtige und auch weniger wichtige, dennoch interessante Dinge:
»In Indien hat eine Ratte einem Menschen das Leben gerettet!
Prinzessin Diana hat eine neue Frisur!
Amerikanische Ärzte haben herausgefunden, daß Bananen für Linkshänder schädlich sind!«
Und so weiter...
Und dann blieb ich bei einem Artikel hängen. Ich las: »Wegen der Tötung von zehn Patienten hat das Bielefelder Schwurgericht den 36jährigen Krankenpfleger Wolfgang L. zu fünfzehn Jahren Haft verurteilt. Das Gericht sah es als erwiesen an, daß L. 1990 in der westfälischen Klinik für Psychiatrie, Psycho-

somatik und Neurologie in Gütersloh zehn Patienten im Alter von 69 und 92 Jahren mit Luftinjektionen getötet hat.«

Ich schüttelte den Kopf. Dann sah ich das Bild des Mannes. Und ich war schockiert: Dieser Kerl sah genauso aus wie ich!

Er hatte schütteres Haar mit extrem hoher Stirn (Susi Super sagt immer: »Stirnglatze«), trug Vollbart und Brille.

Das war also wieder mal einer meiner Doppelgänger! Es muß allein in der Bundesrepublik Deutschland Tausende von Leuten geben, die mir zum Verwechseln ähnlich sind.

»Mit deinem Allerweltsgesicht landest du eines Tages noch im Knast«, meinte Susi mal beiläufig.

Tatsächlich gibt es unter meinen Doppelgängern offenbar eine Reihe böser Buben. So tauchte mein Gesicht schon mehrfach auf Fahndungsfotos auf.

In drei Fällen soll ich Banken überfallen und dabei mehr als eine halbe Million Mark kassiert haben.

In einem Fall nahm ich beim Verlassen der Bank meine Maske ab. Dabei filmte mich die Überwachungskamera, als ich mich am Ausgang triumphierend umblickte.

Besonders hinterhältig war ich, als ich an ei-

nem Herbstabend an der Wohnungstür einer Seniorin klopfte und mich als Notdienst der Städtischen Gasbetriebe ausgab. Als die alte Dame aufmachte, sagte ich: »Sie sind in großer Gefahr und müssen unbedingt die Wohnung verlassen. Ihre Gasleitung ist nämlich defekt.«
In aller Ruhe konnte ich danach Wertsachen und einen üppigen Geldbetrag einstecken und wieder verschwinden.
Unvergessen ist auch jener Abend, an dem mich Eduard Zimmermann in seiner Sendung »XY... ungelöst« suchte. Da war ich als Heiratsschwindler aufgetreten und hatte insbesondere bei reichen Witwen abkassiert.
In diesem Zusammenhang wurden die Ermittlungen sogar wegen Mordverdachts ausgeweitet, weil man eine der alten Damen in der Kabine eines Luxusdampfers gefunden hatte. Sie war offenbar mit einem Kopfkissen erstickt worden, nachdem sie ihr Testament zu »meinen« Ungunsten geändert hatte.
Natürlich sind nicht alle meine Doppelgänger kriminell veranlagt. Das würde ich nie behaupten!
Einer der Mitarbeiter in meiner Autowerkstatt z. B. sieht mir verblüffend ähnlich. Und das ist ein untadeliger Mann.

Ich wurde auch schon mal gefragt: »Neulich habe ich Sie in der Oper gesehen. Wie hat Ihnen ›Martha‹ gefallen?«
Ich mußte eingestehen, daß ich kein Operngänger bin und folglich Verwechslung vorliegen müsse.
Entdeckt und persönlich angesprochen wurde ich auch schon als »Arzt aus Lippstadt«, »Pfarrer aus Hannover« und »Budiker aus Berlin« — alles höchst ehrenwerte Berufe.
Apropos Budike. In einer Kneipe sprach mich eine bereits leicht angetüterte Frau an, die zu mir sagte: »Ich habe gerade mit meiner Freundin da drüben gewettet, daß Sie Bernd Philipp sind. Ich habe Ihr Bild nämlich mal in der Zeitung gesehen. Habe ich recht?«
»Leider nein«, sagte ich. »Ich habe nichts mit mir zu tun!«

Hosenkauf ist nichts für Männer!

Viel muß ein Mann im Leben erdulden. Zum schlimmsten aber gehört der Kauf von Hosen!
Dieser Vorgang verlangt von uns Männern eiserne Disziplin und kostet die letzten Reserven an Geduld.
Von 100 Männern kennen nachweislich 90 nicht ihre aktuelle Größe. In den meisten Fällen ist man also darauf angewiesen, »geschätzt« zu werden. Und wenn man Pech hat, sagt die Verkäuferin oder der Verkäufer abschätzig: »Na, ob wir die in IHRER Größe haben …«
Der Hosenkauf ist eine Tortur. Eine Einkaufsgefährtin erweist sich hier als sehr nützlich. Es ist ohnehin besser, mit »frau« einkaufen zu gehen, weil sie dann gleich an Ort und Stelle ihrem kleinen Glück eine gewisse Entscheidungshilfe geben kann. Ist doch zu ärgerlich, wenn man sich mal was allein gekauft hat, und zu Hause sagt die Gute mit

angewidertem Gesicht: »Wo hast du denn dieses schweißtreibende Teil her? Willst du damit im Zirkus auftreten ...?«
Putzig, wenn man sonnabends in Kaufhäusern oder bei Herrenausstattern Männer sieht, die mit Hemd und Unterhose hinter dem Vorhang in der Umkleidekabine hervorlugen und auf Mutti mit der »größeren Größe« warten.
Manche Frauen erweisen sich als besonders herzlos, lassen sie doch ihre Männer eine halbe Stunde lang — und länger! — in dieser unwürdigen Position warten. Zuweilen gellen regelrechte Hilferufe durch die Herrenabteilungen unserer Kaufhäuser.
Kein Wunder, daß Männer automatisch zusammenzucken, wenn mal wieder ein Hosenkauf ansteht. Zumal ja nicht ausbleibt, daß man sich — natürlich nur für schlechte Zeiten, versteht sich — ein paar Pfunde zugelegt hat und im Laufe der Jahre »größen«-mäßig immer weiter nach oben orientiert. Es gibt Frauen, die peinigen ihre Männer dann mit Sätzen wie: »Als wir uns kennenlernten, hattest du noch Größe ...«
Schlimm ist es für einen Mann, feststellen zu müssen, daß ihm aus dem normalen Sortiment nichts mehr paßt. Dann ist auch der

Hinweis der Gattin, daß es Spezialgeschäfte für den etwas korpulenteren Herrn gibt, kein Trost. Dann sollte ihm das Beinkleid Jacke wie Hose sein — dann muß eine Diät her. So manche wurde nach dem Besuch eines Herrenausstatters begonnen. Wenn man dann mühevoll zehn Kilo abgenommen hat, muß man allerdings schon wieder zum Herrenausstatter — ein Kreislauf, der einen zur Verzweiflung treiben kann.
Warum sind wir eigentlich keine Beduinen?

Wie man auf sich aufmerksam macht…

Vielleicht werden Sie über die folgende Geschichte nur müde lächeln, weil Ihnen ein Trottel wie dieser noch nicht über den Weg gelaufen ist.

Es handelt sich um einen Mann, der eines Tages ganz normal seine Wohnung verließ.

Seine Frau lag noch im Bett, und sie hatte ihn darum gebeten, beim Ankleiden im Flur kein Licht anzumachen, weil das Baby nebenan noch ruhen und auf keinen Fall von einem Lichtstrahl aus dem Schlaf gerissen werden sollte.

Also kleidete sich unser Freund im Halbdunkel an. Alles klappte prima.

Er verließ die Wohnung und ging zur U-Bahn. Vorher hatte er sich eine Zeitung gekauft. Der Zug kam, und er setzte sich wie gewohnt hin und beschäftigte sich mit dem Neuesten aus aller Welt.

Auf einmal wurde er jedoch gestört, als zwei Mädchen ihm gegenüber ihr Kichern nicht mehr unterdrücken konnten und laut losprusteten.

Ein komisches Alter, dachte unser Mann.

Gutgelaunt und unbeschwert kam er in seinen Betrieb und registrierte bei den Kollegen einen Hauch von Heiterkeit.

Um elf Uhr ging er zur täglichen Abteilungskonferenz. Auch hier spürte er ein außergewöhnlich entspanntes, ja, fröhliches Klima. So ungezwungen hatte er diese Runde noch nie erlebt. Die lieben Kollegen guckten ihn an, als wäre er der Nikolaus.

Dann schaute er, leicht verunsichert, in die Augen seiner Mitstreiter.

Und dann an sich hinab. Er hatte einen braunen und einen schwarzen Schuh an. Er lächelte verlegen. Die anderen konnten sich gar nicht mehr einkriegen vor Lachen.

Das also war die Geschichte eines Mannes, der sich beim Kauf von Schuhen immer gleich zwei Paare kauft, in Schwarz und in Braun.

Und der dann von seiner umsichtigen Gattin gebeten wurde, sich im Halbdunkel anzukleiden.

Sie haben Mitleid mit diesem Mann? Vielen Dank. Sie haben Mitleid mit mir.

Wie rutscht man bloß mit Rüdiger?

Das Telefon klingelte, und es klang eindeutig nach Rüdiger. Ich sagte zu Susi Super: »Ich ahne, daß sich Rüdiger und Bruni zu Silvester bei uns einnisten wollen. Wenn es tatsächlich Rüdiger ist, sage ihm, daß wir mit unbekanntem Ziel verreisen oder daß unsere Wohnung Heiligabend abgebrannt ist und bei uns keine Silvesterfeier stattfinden kann. Sie sollen sich an die Fürsorge wenden.«

»Manchmal bist du ein Ekel«, sagte Susi, und ich fragte mich, warum diese grundgute Frau mich eigentlich nicht schon vor der Ehe so tituliert hat ...

Susi ging ans Telefon, aber es war nicht Rüdiger, sondern Bruni, seine Frau.

Ich bemerkte, daß sich Susi beim Gespräch sehr verblüfft zeigte — und das steigerte natürlich meine Neugierde.

Als sie aufgelegt hatte, fragte ich sie gleich:

»Stimmt's, sie hat sich mal wieder bei uns eingeladen, die Familie ›Geiz und Hals‹?«
»Du wirst sehr überrascht sein, Rüdiger und Bruni haben sich nicht eingeladen. Im Gegenteil: Sie haben uns eingeladen!«
»Und was sollen wir mitbringen?« wollte ich wissen.
»Bruni sagte, wir sollten nur gute Laune mitbringen, für alles andere würden sie sorgen.«
Da war mir alles klar. Rüdiger hatte mich schon mal zu Silvester eingeladen, und zwar zum Fondue. Damals hatten wir uns geeinigt, daß jeder was mitbringt. Rüdiger — ganz Lebemann! — sagte gleich, daß er für Spiritus sorgen wolle. Wir müßten uns nur um das Fleisch und um einen ordentlichen Wein kümmern ...
Am Silvesterabend stellte sich heraus, daß Rüdiger vergessen hatte, Spiritus zu kaufen. So gab es kein Fondue, sondern Geschnetzeltes aus der Pfanne — ein typisches Festessen für Silvester ...
Eine halbe Stunde vor der Jahreswende fragte ich Rüdiger damals: »Wo ist der Champagner zum Anstoßen?«
Rüdiger ging auf den Balkon und überreichte mir zwei Flaschen »Himmlisches Mosel-Tröpfchen« — Champagner à la Rüdiger.

Ich muß noch erwähnen: Susi Super hat die Einladung für Silvester angenommen. Wenn ich diese Feier überlebe, dann teile ich Ihnen in Kürze mit, wie es war. Aber eines weiß ich schon: Es kann nur furchtbar werden …

Wenn das neue Jahr so wird wie der Rutsch ...

Silvester bei Rüdiger und Bruni — das konnte ja nur eine Spar-Orgie werden! »Es ist für alles gesorgt, ihr braucht nur gute Laune mitzubringen«, hatte Bruni gesagt, als sie die Einladung aussprach.

»Donnerwetter«, sagte ich zu Rüdiger, als wir angekommen waren und ich im Wohnzimmer einen prachtvollen Weihnachtsbaum sah, »der muß ja ein Vermögen gekostet haben. Wo du doch sonst immer so herumknauserst ...«

»Er hat auch ein Vermögen gekostet, aber wir haben nichts dafür bezahlt«, sagte Rüdiger.

»Das mußt du uns erklären«, meinte Susi Super, »du hast ihn doch nicht etwa geklaut?«

»Ach was«, meinte Bruni, »die Frau Meyer über uns, die fährt jedes Jahr am zweiten Weihnachtsfeiertag in den Urlaub, aber auf einen Weihnachtsbaum möchte sie trotzdem nicht verzichten. Rüdiger hat sich angeboten, den Baum am Abend des ersten Weihnachtsfeiertages zu entsorgen ...«

»Ein wirklich preiswerter Baum«, bestätigte ich, »aber man darf nur nicht so altmodisch sein und sich schon Heiligabend über seinen Weihnachtsbaum freuen wollen ...«
»Man kann eben nicht alles haben«, meinte Rüdiger, »und damit sind wir schon beim Thema: Wir hatten Bärbel und Klaus eingeladen, die sich bereit erklärten, einen schönen Salat und ein paar belegte Brötchen mitzubringen. Nun haben sie kurzfristig abgesagt, und es ist uns einfach nicht gelungen, etwas Eßbares, das eurer würdig wäre, zu zaubern. Ich schlage vor, daß wir nachher zum Wienerwald fahren und uns ein paar Hühnchen holen ...«
»Auf diesen Schreck brauche ich erst einmal einen doppelten Wodka«, sagte ich.
»Das ist das andere Problem«, setzte Rüdiger fort, »wir wollten einfach mal etwas Besonderes machen und eine alkoholfreie Silvesterfeier veranstalten. Unter uns: Ich hatte geglaubt, als eiserne Reserve noch die Flasche Cognac zu haben, die du mir im vorigen Jahr geschenkt hast. Aber der Dämon Alkohol muß die Flasche vernichtet haben. Wir könnten mit alkoholfreiem Bier auf das neue Jahr anstoßen ...« Susi Super und ich guckten uns etwas ratlos an.

»Weißt du, Rüdiger«, sagte ich, »wir haben in diesem Jahr besonders viele Einladungen zu Silvester bekommen. Meine Schwester Edeltraud zum Beispiel hatte uns mit Lachs, Kaviar und Champagner gelockt, aber wir haben uns unter Zurückstellung aller Bedenken für eure Einladung entschieden. Ich teile auch eure Ansicht, daß grundsätzlich zuviel geschlemmt und getrunken wird, aber ich sage auch dies: Eine Silvesterfeier mit 'nem Flattermann und alkoholfreiem Bier wird es mit uns nicht geben!«
»Wie können wir das Problem lösen?« wollte Rüdiger wissen.
»Wer kommt denn noch?« fragte Susi Super.
»Bärbel und Klaus haben abgesagt, und Henner und Rita auch«, sagte Bruni.
»Warum haben denn Henner und Rita abgesagt?« fragte ich.
»Rita rief vor zwei Stunden an und wollte wissen, welche Speisenfolge wir vorgesehen hätten. Da habe ich das mit dem Hühnchen und dem Zitronentee erzählt. ›Ohne uns!‹ sagte sie und legte auf. Rita ist eben sehr verwöhnt!«
»Wir auch«, meinte ich, »seid uns nicht böse, aber dann feiern wir lieber bei uns. Man kann immer irgend etwas improvisieren.«

»Improvisation ist eine prima Sache«, erklärte Rüdiger, »wir sind dabei. Und nehmen euch auch nicht übel, daß die Feier nicht bei uns, sondern bei euch stattfindet. Man muß eben flexibel sein. Können wir in eurem Auto mitfahren ...?«

Zwei Stunden später saßen wir zu viert bei uns zu Hause am Tisch. Susi Super kochte eine kleine Minestrone, als Hauptgang gab es Spaghetti mit Knoblauch und Filetstreifen. Dazu tranken wir einen trockenen italienischen Weißwein. Um Mitternacht stießen wir mit Champagner an.

Rüdiger war ziemlich angetrunken, und als er uns fragte, ob sie nicht bei uns übernachten könnten, weil ein gemeinsames Frühstück am nächsten Morgen doch so besonders kommunikativ sei — da wurde Susi Super zur Furie.

Irgendwann bemerkte Bruni, daß ihr Rüdiger seine Rolle als Schnorrerkönig wieder einmal überzogen hatte.

Beim Abschied, so gegen zwei, sagte ich zu Rüdiger: »Und schönen Dank noch für die Einladung ...«

»Keine Ursache«, meinte Rüdiger ...

Mein Max, das kommt mir sehr japanisch vor!

Es ist schön, wenn sich Kinder für Technik interessieren. Unser Max ist jetzt zwei Jahre alt und entpuppt sich als Tüftler. Auch das Telefon fasziniert ihn, zumal beim Drükken einer Zahl stets ein Pieps zu hören ist. So kommt es bei uns oft schon morgens zur Piep-Show.

Max nimmt sich den Telefonhörer, um »Edeldauli« (Tante Edeltraud) oder die »Burschi-Burschi-Aua-Oma« (das ist die kranke Oma Hella, die zu ihm »Burschi-Burschi« sagt) anzurufen.

Solche familiären Kontakte rühren die Angerufenen und schmerzen die Eltern, denn die Telefonrechnungen steigen merklich.

Normalerweise lassen plötzlich angestiegene Telekom-Rechnungen auf einen heftigen Telefonflirt des Ehepartners mit einem Kurschatten schließen und werfen Fragen auf.

Bei uns steht meistens Max unter Tatverdacht. Neulich hat ihm Susi Super den Telefonhörer aus der Hand genommen. Am anderen Ende war ein Japaner. Susis Japanisch ist sehr schlecht. Sie hat ihn nicht verstanden. Wir hoffen, bis wir die nächste Rechnung kriegen, daß es ein Japaner *in Berlin* war ...
Voller Sorge habe ich von dem Fall einer Berlinerin gehört, die von der Telekom eine Rechnung über 229021,78 DM bekam. Sie hatte angeblich 995185 Einheiten vertelefoniert. Dafür hätte sie — innerhalb von drei Wochen (!) — 50 Tage lang mit China telefonieren können. Ein Computerfehler. Hoffentlich liest Max diese Geschichte nicht ...

Rüdiger for President!

In der Bundesrepublik Deutschland gibt es an die vier Millionen Arbeitslose. Und doch gelingt es nicht, jeden freien Arbeitsplatz neu zu besetzen. Es herrscht sogar Unklarheit darüber, wer das höchste Amt im Staat bekleiden soll. Die Parteien fahnden fieberhaft nach einer integren Person, die in die Bonner Villa Hammerschmidt und in das Berliner Schloß Bellevue einziehen könnte. Die Amtszeit von Richard von Weizsäcker läuft bekanntlich im Mai 1994 aus.
Bundeskanzler Helmut Kohl — für Überraschungen immer gut — hat die Öffentlichkeit verblüfft, indem er den sächsischen Justizminister Steffen Heitmann favorisiert. Über diesen Mann läßt sich nichts Nachteiliges sagen, weil ihn eigentlich kaum einer kennt.
Ich wäre übrigens für meinen Freund Rüdiger. Er bringt gute Voraussetzungen mit: Er ist Psychologe und mithin ein Menschenkenner. Er kann gut zuhören. Er ist bei seiner Arbeit stets konzentriert. Peinlichkeiten, wie

sie etwa dem früheren Bundespräsidenten Heinrich Lübke unterlaufen sind, der mal den Namen der Hauptstadt eines Gastlandes mit dem Namen der Ministerpräsidentin verwechselte, würden Rüdiger niemals unterlaufen.
Auch ist Bruni, die Frau an seiner Seite, eine ungewöhnlich attraktive Person. Mit ihr könnte der Staat Staat machen!
Ein Bundespräsident wird überall zuvorkommend behandelt und ist immer eingeladen — Situationen, in denen Rüdiger bestimmt eine gute Figur macht.
Ich sehe ihn schon vor mir: Rüdiger als Staatsgast bei der Queen, Rüdiger bei Jelzin im Kreml, Rüdiger mit Bill Clinton beim Jogging.
Susi Super ist von meiner Idee allerdings wenig angetan. Sie möchte selbst gern First Lady werden und bedrängt mich, für das Amt des Bundespräsidenten zu kandidieren.
Ich halte mich in dieser Sache noch bedeckt. Gewiß, es ist ein »schickes Amt«, wie der inzwischen verstorbene Kabarettist Wolfgang Neuss in einer Talkshow einst zu »Ritschi« sagte. Aber: Was macht man danach?
Fürs Altenteil bin ich dann noch zu jung, und keiner meiner so geschätzten Kollegen wird

sich wünschen, daß ich nach zwei Amtsperioden wieder an meinen Schreibtisch zurückkehre.

Vor ein paar Jahren habe ich mit Richard von Weizsäcker im Schloß Bellevue einen Kaffee getrunken. Ohne Frage eine hübsche Bleibe. Aus dem Großen Empfangssaal würde ich allerdings das Kinderzimmer für Max machen. Das Erste Kind im Staat braucht seinen Platz!

Susi Super hat mich gefragt, wie denn die Küche aussieht. Da mußte ich passen. Der Bundespräsident hat sie mir bei unserem Rundgang nicht gezeigt. Ich gehe aber davon aus, daß sie eine geräumige Geschirrspülmaschine und eine Abzugshaube hat. Susi sagt, ich sollte bei den Verhandlungen unbedingt auch auf einer Mikrowelle bestehen.

Ich werde mir eine Liste machen mit Dingen, die man aushandelt, bevor man sich zur Kandidatur bereit erklärt.

Also: Ganz abgeneigt bin ich nicht. Allerdings muß irgend etwas an dem Job faul sein, wenn Hans-Dietrich Genscher als altes Schlitzohr dieses Amt ausschlägt. Möglicherweise wird jemand Bundespräsident, mit dem zur Zeit noch niemand rechnet: Charlotte von Mahlsdorf etwa oder Rosa von Praunheim. Oder vielleicht doch Rüdiger?

Meine neuen Fußball-Regeln

Vor jeder Fußball-Weltmeisterschaft diskutieren die Sportfunktionäre darüber, wie man den Fußball noch attraktiver gestalten könnte. Die Zeiten nämlich, da sich die Zuschauer mit einem 0:0 begnügten, sind selbst in Italien vorüber, wo die Spieler jahrelang unter Ladehemmung litten und der Meister am Saisonende zuweilen stolze elf Treffer vorweisen konnte.
Zu den vielen Vorschlägen, mit denen sich die Herren des Internationalen Fußball-Verbandes beschäftigten, gehörte auch der, die Torpfosten weiter auseinanderzurücken. Eine Idee, die keinen Torhüter der Welt glücklich machen wird. Die Vorstellung, in einem Spiel zwanzig Tore zu kassieren, muß zwangsläufig zu schweren seelischen Konflikten führen.
Eine andere Anregung wurde da von allen wesentlich positiver aufgenommen: Nicht mehr ein, sondern zwei Schiedsrichter sollten in Zukunft das Spiel leiten. Viele Augen sehen bekanntlich mehr. Die Anzahl der Fehl-

Neue
Regeln

entscheidungen würde geringer ausfallen. Und weniger erzürnte Fußball-Fans als bisher würden zu der sportlichen Maßnahme einer Morddrohung gegenüber dem Schiedsrichter schreiten. Ist das nicht eine feine Prognose?

Auch ich als leidenschaftlicher Fußballfan habe mir Gedanken über Verbesserungen dieser Art gemacht und sie dem Deutschen Fußball-Bund mitgeteilt. Wenn also die Funktionäre meine Vorschläge umsetzen, dann greifen schon bald die folgenden Erneuerungen:

Erstens: Die Anzahl der Spieler ist nicht mehr auf elf begrenzt. Statt dessen kann jeder Verein so viele Spieler einsetzen, wie er verfügt bzw. sich leisten kann. Bayern München zum Beispiel könnte mit 657 Spielern antreten, eine kleine Amateurmannschaft vielleicht nur mit 14. Das gäbe sicher ein etwas einseitiges Spiel und wäre auch ungerecht, aber es würden eine Menge Tore fallen. Ein Spielergebnis wie 145 : 1 wäre keine Seltenheit mehr. Eine große Herausforderung auch für die Trainer, die taktisch völlig umdenken müßten.

International hätte dies noch einen ganz anderen Vorteil: Wenn unsere deutsche Nationalmannschaft mal wieder bei einer Qualifikation gegen einen der sogenannten Fußballzwerge antreten müßte, wären Überraschungen gänzlich ausgeschlossen. Bei einer möglichen Begegnung zwischen Deutschland und Malta würden 256 887 deutsche Spieler gegen 23 Malteser antreten. Endlich keine Zitterpartie mehr!

Zweitens: Gilt nur für den Fall, daß Variante eins nicht realisiert wird: Die Zuschauer zahlen kein Eintrittsgeld mehr, sondern Austrittsgeld. Die Höhe berechnet sich nach der Anzahl der geschossenen Tore. Bei einem 0 : 0 ist der Austritt frei. Pro Tor werden zwischen zwei bis drei Mark bezahlt. An Motivationen der Spieler und des Trainers dürfte es dabei kaum noch mangeln.

Drittens: Es wird die Zählweise wie beim Tischtennis eingeführt. Gewonnen hat, wer 21 Treffer erzielt, und zwar mindestens zwei mehr als der Gegner. Mit Rücksicht auf die Spieler sollte, anders als beim Tischtennis, nur ein Satz gespielt werden.

So, Freunde »des runden Leders« (ich liebe ja die phantasiereiche Sprache unserer TV-Sportmoderatoren!) — mir kann keiner mehr vorwerfen, mich um den Fußball nicht gekümmert zu haben.

»Herr Ober, Sie hätten Gast werden sollen!«

In der Reihe *»Der Mensch als Gast«* widmen wir uns heute einem Phänomen der Berliner Gastronomie, und zwar der notorischen Unfreundlichkeit von Kellnern in Garten-Restaurants.
Natürlich muß der Herr Ober nicht strahlend durch die Gegend laufen. Er braucht auch kein fröhliches Lied auf den Lippen zu haben. Überschwengliche Gesten bei der Begrüßung oder bei der Bedienung sind seine Pflicht nicht. Eine gewisse Akzeptanz allerdings sollte der Gast erwarten dürfen.
In früheren Jahren, als die West-Berliner noch eingemauert waren und die oft miese Behandlung durch Kellner in Garten-Restaurants notgedrungen ertragen mußten, weil ein gastronomisches Angebot im Umland nicht zugänglich war — da hatten die sogenannten »Kieslatscher«, wie sie respektlos genannt werden, ihre große Zeit. Da konnten sie die Gäste schurigeln und so schlecht behandeln

wie sie wollten — die kamen trotzdem immer wieder ...
Die Zeiten haben sich geändert. Die schöne Mark Brandenburg zieht die Berliner hinaus. Viele einst überfüllte Garten-Etablissements müssen kürzer treten, weil die Kunden ausbleiben.
Viele Kellner allerdings haben von der neuen Lage wohl noch nichts mitbekommen. Sie muffeln weiter und wollen offenbar noch die letzten Gäste vergraulen. So produziert man seine Arbeitslosigkeit selbst!
Am vergangenen Sonntag haben wir uns mit Rüdiger, Bruni und der kleinen Jule in einem Restaurant getroffen.
Als wir uns setzten, machte der Kellner zwar ein mürrisches Gesicht. Aber immerhin bekamen wir flink unsere Getränke. Mit der Essenswahl warteten wir noch. Als dann ein Platz in der Nähe des hauseigenen Spielplatzes frei wurde, beschlossen wir, uns drei Tische weiterzusetzen, um Max und Jule besser im Auge zu haben. Dem Kellner paßte das aber überhaupt nicht!
»Sie können doch hier nicht einfach rumspazieren«, pflaumte er uns an und bestand darauf, daß wir erst einmal zahlen müßten. Kurios, daß der Knabe mit der Leichenbitter-

miene uns später dann doch weiter das Essen servierte. Vermutlich hatte er uns liebgewonnen.
Nun entdeckte der Kollege, der für den neuen Tisch zuständig war, daß wir schon Getränke hatten. »Na, wo kommen wir denn hergewandert?« fragte er ungehalten.
Offenbar bildet sich das Personal gegenseitig aus ...
Wie pflegte der Wiener Literat und Theaterkritiker Alfred Polgar zu unfreundlichen Kellnern zu sagen: »Herr Ober, Sie hätten Gast werden sollen!«

Genies mit kleinen Schwächen

Man weiß nie, wie die Menschen nach dem Ende der irdischen Existenz über einen reden. Es ist im Grunde auch egal. Man kann sich ja doch nicht wehren. Das mußten gerade in den vergangenen Monaten die Herren Sartre, Wagner und Einstein erfahren. Sie wurden, ganz im Stil der neuen Zeit, ge-»outet«. Ein Glück, daß sie nicht mehr lesen können, was emsige Biographen über sie zusammengetragen haben.

Nehmen wir Wagner, diesen Gott der Musik. Ohne Seidengewand setzte er keine einzige Note. Sein Hang zu Putz und Pomp hatte neurotische Züge. Er galt als der wohl größte Gockel seiner Zeit. Und jetzt erfahren wir in einer Biographie darüber hinaus noch dies: Wagner war ein »Pump-Genie«!

Er war ein eiskalter Abkassierer, aber so verschwenderisch, daß die Geldnot zum ständigen Begleiter wurde. Es ging ihm wie dem Fernseh-Helden »Dr. Kimble« — er war immer auf der Flucht, und zwar vor seinen Gläubigern. Als ihn Geldgeber in Wien stellen wollten, stahl er sich in Frauenkleidern davon — der große Wagner …

Auch der Physiker Albert Einstein muß — so behaupten jetzt britische Autoren — in einem neuen Licht gesehen werden. Galt er bislang als aufopferungsvoller Forscher und Familienmensch, so heißt es jetzt: Einstein war »sexbesessen, unsauber und gewalttätig«. Er soll sich selten gekämmt und gewaschen haben. Und sei ein rechter Schürzenjäger gewesen. Mit seiner Berühmtheit wuchs auch sein Verlangen. Es heißt, daß er so mancher Dame seine Relativitätstheorie hingebungsvoll erklärt habe — nackt. So war eben alles »relativ« … Eine Gazette taufte ihn kürzlich beherzt in »Albert SchwEinstein« um.

Und da wären wir auch schon bei Jean-Paul Sartre. Der französische Philosoph soll nicht nur ein tiefgründiger Denker, sondern auch ein emsiger Jungfrauen-Vernascher gewesen sein. »Frisches Fleisch aus Mädchenklassen« sei ihm von seiner Frau Simone de Beauvoir »beschafft« worden, wie »Der Spiegel« zu berichten weiß.

Irgendwie, so scheint es, brechen die Wertevorstellungen auseinander.

Was wird man einst über mich schreiben? Vielleicht dies: »In Wirklichkeit war Bernd Philipp noch geiziger als sein Freund Rüdiger. Man kann sogar davon ausgehen, daß Philipp selbst Rüdiger war ...«
Dazu spare ich mir jeden Kommentar! Es wird ja ohnehin kein Schwein über mich schreiben.

Eine Million für eine liegende Tätigkeit

Rüdiger und ich haben uns kürzlich über den Film »Ein unmoralisches Angebot« unterhalten. Es geht darin um einen amerikanischen Milliardär, der einem weniger gutgestellten Mann eine Million bietet, wenn er mal mit dessen Frau schlafen kann. Dieses Thema hat in den vergangenen Monaten überall Staub aufgewirbelt, und so mancher hat sich die Frage gestellt, wie man denn selbst auf ein solches Angebot reagieren würde ...

»Meine moralischen Bedenken«, so Rüdiger auf meine entsprechende Frage, »würde ich in diesem Falle zurückstellen. Natürlich nur, wenn Bruni auch aus freien Stücken heraus mitmachen würde. Immerhin muß Oma für eine Million eine ganze Weile stricken, und bei unserer notorischen Geldknappheit käme so eine finanzielle Spritze gerade richtig ...«

»Finanzielle Spritze«, sagte ich, »das ist in diesem Falle eine hübsche Formulierung, aber

sage mir doch mal, wo deine oberste Preisgrenze wäre?«
»Ja«, meinte Rüdiger, »natürlich würde ich mit dem Preis auch noch ein bißchen runtergehen. Das wäre Verhandlungssache ...«
Ein paar Tage später haben uns Rüdiger und Bruni besucht. Es war kein Zufall, daß dieses Thema nun erneut angesprochen wurde, denn Susi Super und Bruni hatten sich erst am Vorabend den Film gemeinsam angeguckt.
»Sag mal, Bruni«, meinte ich, »eine ganz blöde Frage: Wenn man dir und Rüdiger dieses Angebot machen würde, wie würdet ihr euch entscheiden?«
»Du bist ein Ferkel«, sagte Susi Super — eine Bemerkung, die ich einfach ignorierte, weil sie die Rolle eines Moralapostels recht unglaubgwürdig spielt.
»Wenn ich allein entscheiden könnte«, antwortete Bruni, »würde ich natürlich zuschlagen. Es ist eine leichte und liegende Tätigkeit, die nicht viel Zeit in Anspruch nimmt und einen guten Lohn abwirft. Aber ich weiß natürlich, daß mein Rüdiger nicht einmal für hundert Millionen seine Zustimmung geben würde. Er ist nun mal ein Moralist. Und gerade das liebe ich an ihm ...«
Rüdiger guckte mich mit starrem Blick an, als

wollte er sagen: »Junge, halte bloß die Schnauze!«
»Stell dir vor«, fuhr ich fort, »Rüdiger und ich haben uns auch schon mal mit diesem Thema beschäftigt. Und als ich Rüdiger fragte, wie er sich verhalten würde, sagte er unmißverständlich, daß er dieses ungeheuerliche und verwerfliche Angebot für keinen Preis der Welt annehmen würde.«
Rüdiger atmete tief durch und wirkte wieder sehr entspannt. Bruni lächelte ihn an und hauchte: »Oh, Liebling.«
»Und wie hast du dich zu dieser Frage geäußert?« wollte Susi Super nun von mir wissen.
»Ähhh«, stammelte ich, »noch gar nicht, wieso? Liegt ein Angebot vor?«

Offener Brief an Petrus wg. Sommer

Sehr geehrter Herr Petrus,
bevor dieser sogenannte Sommer völlig verherbstelt, bitten wir Sie um Hilfe. Es kann nicht angehen, daß eine ganze Jahreszeit ersatzlos ins Wasser fällt. Auch wenn die Meteorologen, diese Schönredner schlechten Wetters, uns weismachen wollen, daß der Juli »ganz normal« war, können und wollen wir uns mit so einem Mistsommer nicht abfinden.
Temperaturen um 13 Grad sollten Ihnen peinlich sein. Wir appellieren an Ihr Verantwortungsgefühl. Oder sind Sie vielleicht überlastet, weil Ihnen im Zusammenhang mit der wirtschaftlichen Rezession ein paar Planstellen gestrichen wurden?
Wie auch immer: Tun Sie etwas!
Wir wollen die Sommerabende nicht vor dem Kamin verbringen. Auch steht uns der Sinn nicht nach einem steifen Grog.
Susi Super hat sich bereits in ihre Herbstkollektion vermummt — und unser kleiner Max

röhrt schon mit der Whisky-Stimme eines John Wayne, weil er von morgens bis abends singt:

»Liebe, liebe Sonne,
komm ein bißchen runter,
laß den Regen oben,
dann wollen wir dich loben ...«

Wenn wir wirklich nicht durch Flehen und Bitten zu unserem Recht kommen, bleibt uns leider nur ein Weg, der sich auch schon in der Politik bestens bewährt hat. Und der führt uns direkt zu der höchsten irdischen Instanz, den Verfassungsrichtern in Karlsruhe.
So weit wird es kommen, wenn Sie uns weiterhin die Petersilie verhageln.

Meine Schulden macht der Staat für mich …

Die Berliner sitzen auf einem Schuldenberg von 75 Milliarden Mark. Für Zinsen und für die Tilgung müssen an jedem Tag zwölf Millionen Mark aufgebracht werden.
Um ganz ehrlich zu sein: Mich würde es etwas nervös machen, wenn ich meiner Bank täglich zwölf Millionen Mark zahlen müßte.
Aber ich habe die Schulden in Höhe von 75 Milliarden ja nicht allein, sondern teile sie mir mit 3,5 Millionen anderen Berlinern. Macht für jeden ca. 21500 Mark Schulden. Ich lebe sozusagen in einer Solidargemeinschaft von hoffnungslos Verschuldeten.
Was mich bedrückt, ist die Tatsache, daß auch mein kleiner Sohn Max zu diesem Kreis gehört. Da er ja noch ohne Einkünfte ist, wird Rabenvater Staat mich zwingen, die Max-Schulden zu übernehmen. Ich stehe also sogar schon mit ca. 43000 Mark in den roten Zahlen und muß befürchten, daß ich allein mit der Rückgabe meiner leeren Bierflaschen diesen Betrag kaum aufbringen kann.

Ich könnte natürlich meinen Chef um eine leichte Aufbesserung meiner Bezüge bitten, aber der wird für mich kaum Verständnis haben — hat er doch selbst ein Kind und folglich auch 43000 Mark Schulden!

Die Wirtschaft war für mich schon immer ein Mysterium. Ich blicke nicht durch: Die Bundesrepublik Deutschland, so ist überall zu hören, gehört zu den reichsten Ländern der Welt. Warum aber haben wir so viele Schulden?

1994 erreicht der Bundeshaushalt eine Höhe von 478,4 Milliarden Mark. Die Neuverschuldung soll bei rund 67,5 Milliarden Mark liegen.

Nun bin ich ja nicht nur Berliner, sondern auch Bundesbürger. Also muß ich mich fragen, ob diese Schulden auch noch auf mich und Max zukommen? Na, gewiß doch.

»Neuverschuldung« — das ist ein ungemein sympathisches Wort. Es klingt ganz harmlos, so recht nach dem Motto »Öfter mal was neues« ... 67,5 Milliarden — das ist eine Zahl, die überschaubar erscheint.

Ach ja, es gibt natürlich nicht nur die neuen, sondern leider auch noch die alten Schulden. Mit rund zwei Billionen Mark ist die Bundesrepublik Deutschland verschuldet. Bevor Sie

zum Lexikon rennen: Das sind 2000 Milliarden Mark. Ich war im Fach Mathematik nie eine Leuchte und möchte Sie daher bitten, Ihre und meine Schulden selbst auszurechnen.
An diesem Wochenende wollen Susi Super und ich in Klausur gehen: Wir werden ein familiäres Sparkonzept ausarbeiten. Es darf jetzt kein Tabu mehr geben. Wir müssen uns wappnen für den Fall, daß wir eines Tages unsere Schulden zurückzahlen müssen.
Über den Verlauf und über die Ergebnisse unserer Klausurtagung berichte ich an anderer Stelle.

Apropos sparen. Steffi Graf soll in London dabei beobachtet worden sein, wie sie einem Kellner nach einem opulenten Mahl umgerechnet 25 Pfennig zukommen ließ. Regelrecht als »Lebemann« erwies sich dagegen Michael Stich: Er ließ 75 Pfennig springen. Allerdings erst, nachdem er ein zwar bestelltes, aber nicht getrunkenes Mineralwasser (3,15 DM) von der Rechnung hatte streichen lassen. Spar-Vorbilder!

Theater zu! Reichen nicht auch Kulissen?

Berlin ist um eine Attraktion reicher: Im Lustgarten, dort, wo der Palast der Republik einer ungewissen Zukunft entgegendämmert, ist das alte Berliner Stadtschloß auferstanden. Allerdings nur als Illusion. Und auch nur für hundert Tage.

Auf einer Plastikplane von insgesamt 9300 Quadratmeter ist die Fassade des von Ulbricht abgerissenen Hohenzollernschlosses aufgemalt. Eine verblüffende Täuschung, wie sie der berühmte Fürst Potemkin nicht besser zustandegebracht hätte.

Bekanntlich hatte der 1787 bei der Reise von Zarin Katharina II. auf die Krim Dorfattrappen errichten lassen, die der Kaiserin den Wohlstand des Gebietes vortäuschen sollten. Die »Potemkinschen Dörfer« sind noch heute Inbegriff gezielten Blendertums.

Hinter den Fassaden regierten Armut und Elend, und als die Zarin weitergereist war, kehrte dieser bittere Zustand auch optisch

wieder zurück. So ist es nun mal: Mogelpakkungen haben auf Dauer keine Chance.
Auch in Berlin werden, wenn nach gut drei Monaten der weite Platz allein wieder vom »Palast« geprägt wird, erneut jene ermutigt auf den Plan treten, die der bizarren Meinung sind, daß Berlin partout nichts dringender benötigt als ein neues Schloß.
Denn es ist ja bekannt — in Berlin ist Geldmangel ein Fremdwort. Man hat es eben!
Daß dennoch mal das eine oder andere Theater geschlossen werden muß, mag da nicht weiter ins Gewicht fallen.
Der weitsichtige Senat befaßt sich schon jetzt mit der Frage, wie sich alle Berliner Theater, Opernhäuser, Konzertsäle und Museen erhalten lassen, man sie aber dennoch schließen kann. Wie das?
Da sind wir wieder bei Potemkin, diesem Meister des realen Nichts.
Es müßte doch möglich sein, kostengünstige Fassaden der größten (und damit auch teuren) Musentempel errichten zu lassen. Wäre das nicht eine feine Lösung fürs Schiller-Theater? Würde bei der Deutschen Oper an der Bismarckstraße nicht auch eine Kulisse reichen und könnte man den Platz nicht auch für ein Parkhaus nutzen?

Der Kulissen-Deal würde vielleicht nicht einmal auffallen. Die Touristen-Busse könnten weiterhin die Stätten der Kultur bestaunen. Und für ein Foto aus dem Bus reicht eine Fassade allemal.
Im Grunde hätte die »Theaterlandschaft« diese Bezeichnung damit überhaupt erst verdient!
Schlechte Zeiten allerdings für die Konzert- und Theaterkritiker. Aber die wurden von den meisten Intendanten ohnehin eher als Eindringlinge und Störenfriede empfunden. Bald nun sind beide Berufsgruppen arbeitslos: die Künstler und ihre Kritiker. Welch ein symbolhafter Akt der Versöhnung in einer Gesellschaft, die ansonsten immer mehr auseinanderdriftet.

Schwammspinner kontra Scharping: Ein wahrlich ungleiches Duell

Aus dem Schlaf gerissen zu werden, ist eine üble Angelegenheit. Da kann auch das kleine Mäxchen nicht auf Verständnis hoffen, wenn er morgens seinen Papa mit dem Schlachtruf »Alle Männer wach!« weckt. Obwohl ich natürlich schon froh bin, daß er davon abgekommen ist, mir morgens mit seinem Auto über das Gesicht zu fahren oder seine Musikalität mit einem klangvollen Spiel auf dem Xylophon unter Beweis zu stellen.

Dennoch: Menschen, die schon am frühen Morgen zu ungebremster Aktivität neigen, sind mir unheimlich. Das gilt auch für Kinder.

In den vergangenen Tagen hat es mich von selbst früh aus den Federn getrieben. Und zwar nicht aus Gründen der sogenannten »senilen Bettflucht«, die Susi Super mir gern zu unterstellen pflegt. Es ist die pure Neugierde, die mich derzeit früh zu einem Betthopser macht.

Jeden Morgen zieht es mich auf den Balkon. Ich will wissen: Sind sie da? Und wenn ja: Was tun sie?
Nein, noch sind sie nicht da, die Schwammspinner. Sie halten sich offenbar länger als erwartet in Brandenburg auf und lassen sich mit der Hauptstadt noch ein bißchen Zeit — wie die Beamten in Bonn ...
Die gefräßigen Raupen, deren Existenz mir bislang völlig unbekannt war, sind die wahren Medienstars dieser Wochen. Selbst der frischgekürte SPD-Frontmann Rudolf Scharping kommt nicht gegen sie an.
Wenn man die bestürzenden Meldungen verfolgt, muß man glauben, daß es in unserem Land bald keinen einzigen gesunden Baum mehr geben wird. Wer unseren schönen Grunewald noch einmal sehen möchte, sollte sich sofort auf die Socken machen. Festes Schuhwerk wird empfohlen: Die Viecher, wenn sie ja vielleicht doch den Angriff auf Berlin einleiten, sollen glitschig sein. Es stellt sich die bange Frage, ob unsere Wälder überhaupt ausreichen, um den Hunger des Schwammspinners zu stillen? Sind möglicherweise eines Tages auch unsere Hunde oder kleine Kinder in Gefahr? Man weiß nie genau, wo die ethisch-moralische Grenze für Invasoren liegt.

Vielleicht könnte die Regierung den ungebetenen Gästen — sicherheitshalber — Durchreise-Visa ausstellen und sie höflichst ersuchen, ihre Nahrung in anderen Ländern zu suchen.
Am vergangenen Sonntag jedenfalls hat unser Max schon mal Ausschau gehalten. Bei einem Waldspaziergang starrte er unaufhörlich auf den Boden. Er fand jedoch nur zwei leere Bierdosen, die durstige Wandersleute zurückgelassen hatten.
Schwammspinner — Fehlanzeige. Fündig wurde er dann erst am Abend zu Hause.
Stolz zeigte er eine »tote Raupe«, die er in der Küche gefunden zu haben glaubte. Aber es war keine Raupe. Und erst recht kein Schwammspinner. Es war eine gedrehte Nudel, die den Weg ins kochende Wasser verfehlt hatte und auf dem Boden lag.
»Phantasie hat er ja, unser Sohn«, meinte Susi Super zu mir. Und ich zu ihr: »Ganz erstaunlich, wie frühzeitig mein Erbgut durchschlägt …«

Preiswert und schnell: Scheidung auf japanisch

Ich glaube«, sagte ich zu Rüdiger, »wir leben in einem falschen Land.«

»Wie meinst du das?« fragte Rüdiger.

»Ich habe gelesen, daß es die Männer in Japan wesentlich besser haben als wir. Dort haben Männer so gut wie alle Rechte und Frauen alle Pflichten. Das ist doch eine hervorragende und klar geordnete Einteilung. Warum sind wir keine Japaner?«

»Dann müßtest du rohen Fisch essen«, warf Susi Super ein, »ich habe den Zeitungsartikel übrigens auch gelesen. Da stand noch drin, daß die Frau die Finanzen verwaltet und ihrem Mann ein monatliches Taschengeld von durchschnittlich 623 Mark gewährt. Er muß genau Buch führen über seine Ausgaben, und wenn er was übrig hat, muß er es wieder abliefern. Möchtest du immer noch Japaner sein?«

»Na, sagen wir mal, so ein halber Japaner vielleicht«, schränkte ich ein, »mir hat nur imponiert, wie leicht sich in Japan ein Mann von seiner Frau scheiden lassen kann. Wenn sie unhöflich zu seinen Eltern oder überhaupt schwatzhaft ist, kann er die Ehe einfach beenden. Das sind doch freundliche Regelungen, nicht wahr?«

Rüdiger hatte sich gerade aus unserer Küche ein Bier geholt. Dann sagte er: »Die Japaner sind offenbar ein weises Volk. Wie verhält es sich dort eigentlich mit der Treue?«

»Aus dem Artikel«, erklärte ich, »geht eindeutig hervor: Sie darf nicht — und er jederzeit! Darüber wird überhaupt nicht diskutiert. Es ist ein Grundrecht des Mannes ...«

Plötzlich klingelte das Telefon. Susi Super ging ran. Es war Bruni, die nach ihrem Mann fahndete.

Susi zu Bruni: »Eine gute Nachricht: Unsere Männer wollen nach Japan auswandern. Wenn du mehr darüber erfahren willst, lade ich dich ein — zum Chinesen ...«

Vom Bier zum Bett oder: Schreie in der Nacht

Vor gut 20 Jahren habe ich als aufstrebender Jungredakteur einer Düsseldorfer Frauenzeitschrift so aufregende Leser-Rubriken wie »Mein schönstes Gedicht«, »Tiere — unsere besten Freunde« und »Kinder schenken so viel Freude« betreuen dürfen beziehungsweise müssen. Solche Aufgaben bekommen immer die neuen Kollegen, die sich noch nicht wehren können. Die Chefredakteurin sagte damals: »Wir haben eine Vakanz. Machen Sie das mal vorübergehend. Nur so lange, bis wir die Stelle wieder besetzt haben ...« (Sie wurde nie besetzt.)

Die Deutschen sind bekanntlich ein Volk der Dichter und Denker. So stapelten sich auf meinem Schreibtisch die Werke von schwungvoll drauflos dichtenden Menschen, die sich gern in der Zeitschrift verewigt sehen wollten. Dann reimte sich schon mal »Kokosnuß«

auf »Negerkuß« oder »Baldrian« auf »Schlendrian«.

Diese Arbeit hat mich weitergebracht, weil mein Sprachgefühl sensibilisiert wurde.

Die Tier-Rubrik machte mir zu schaffen, weil ich schon damals keine Katzen mochte, aber: In 90 Prozent aller Zuschriften wurden die putzigen Neckereien von Stubentigern geschildert. Es gab auch einen Brief, der mir ans Herz ging: »Liebe Redaktion, ich schreibe diesen Brief, weil mir meine Muschi das Leben gerettet hat ...«

Auch mit den Kindern tat ich mich schwer. Ein junger Mann von Anfang 20 hat für die liebenswerten Torheiten kleiner Kobolde noch nicht den rechten Sinn. Was diese Spalte anging, war ich eine eklatante Fehlbesetzung. Meine Chefredakteurin sagte zu mir: »Sie müssen die Scherze der lieben Kleinen einfach besser verkaufen. Man merkt, daß Sie kein Vater sind ...«

Ich entgegnete, daß man mich nicht als Vater, sondern als Jungredakteur eingestellt habe und daß es in der Redaktion sicher wesentlich geeignetere Kollegen geben würde als mich. Aber dieser Einwand fand keine Beachtung, wie auch meine Anregung, diese Seite gleich ganz einzustellen, nicht fruchtete.

So mußte ich also weiterhin — und immer gelangweilt bis genervt — die heiteren Ausführungen von Mamis und Papis studieren, deren Sprößlinge die Gubbys aus dem Aquarium in die Toilette geschüttet oder an der Tiffany-Lampe Tarzan gespielt hatten.
Heute, mehr als 20 Jahre später, weiß ich: Diese Rubrik war die wichtigste im ganzen Blatt. Nur Väter in meinem Alter — und hier erfährt der Kanzler-Satz von der »Gnade der späten Geburt« eine ganz neue Bedeutung — können all die kleinen Aufgeregtheiten verstehen, die Menschen veranlassen, Leserbriefe für die Rubrik »Kinder schenken so viel Freude« zu schreiben.
Jetzt würde ich am liebsten selbst einen Leserbrief schreiben. Etwa so:
»Liebe Redaktion, vielleicht haben Sie für mein Erlebnis Verwendung: Ich habe neulich mit meinem Freund Rüdiger ein sehr ausführliches Kneipengespräch geführt. Es wurde sehr spät, weil immer dann, wenn ich gehen wollte, unsere Gläser noch nicht leer waren.
Ich kam also erst um fünf Bier nach zwölf daheim an. Und weil Susi Super, meine amtierende Ehefrau, mich darum gebeten hatte, nicht lärmend ins Schlafzimmer zu stürzen, hatte ich mich in der Diele ausgezogen und

mich nach einer — der späten Stunde angemessenen — Katzenwäsche ins Schlafzimmer begeben. Weil ich natürlich meine Frau nicht wecken wollte, tappte ich im Dunkeln mit dem sicheren Gang eines Bierfreundes ans Bett. Dann schrie ich laut auf. Unser kleiner Max hatte mir eine Freude machen wollen, indem er all seine Legosteine vor Papas Bett verstreute. Wer noch nie nichtsahnend barfuß auf einen Legostein trat, weiß nicht, was Schmerz ist.«

Vermutlich käme der Brief zurück. Der Redakteur würde schreiben, der Brief sei hübsch, aber nicht verwendbar.

Was für ein Nachfolger!?

Bald gibt es keine Geigen mehr am Himmel

»... und der Himmel hängt voller Geigen«, heißt es in einer Operette. Für Geigen wird allerdings bald kein Platz mehr sein. Das Saiteninstrument, Symbol fürs Verliebtsein, wird weichen müssen — und zwar der Werbung.
Ein amerikanisches Unternehmen will eine riesengroße Werbefläche in die Erdumlaufbahn schicken. Dann wird spätabends, wenn die Verliebten auf der Parkbank sitzen und verträumt in die Sterne gucken, am Firmament irgendwann eine große Tafel vorbeiziehen — »Nichts ist unmöglich ...«
Eines Tages wird ein Opa zu Oma sagen: »Liebling, weißt du noch, bei der Coca-Cola-Werbung haben wir uns erstmals geküßt.«
Und sie wird sagen: »Ach, ja?« Ich hätte schwören können, es war bei »Ich will so bleiben wie ich bin ...«
Apropos Werbung: Ich bin ebenfalls in die Werbung gegangen, wenn auch unwissend. Als einer, der im Vollbesitz seines Haaraus-

falls ist, habe ich auf der Stirn eine große Werbefläche zur Verfügung ...
Im Supermarkt sagte eine Frau zu mir grinsend: »Guten Tag, Herr Philipp!«
»Wir kennen uns?« fragte ich.
»Nein«, sagte sie, »Ihr Name steht Ihnen ins Gesicht geschrieben ...«
Ohne daß ich es merkte, hatte Max, der kleine Terrorist, seinem Papa zwei von diesen kleinen Briefaufklebern mit Namen, Anschrift usw. auf die Stirne geklebt. Zwei andere Frauen tuschelten: »Ein netter Mann, aber leider verrückt ...«

Boris Becker: Verliert er, weil er zuviel liebt?

Auch in diesem Jahr habe ich mich nicht für die Offenen Französischen Tennismeisterschaften in Paris qualifizieren können. Erneut wurde mir eine der begehrten Wild Cards verweigert.

Susi Super hatte gesagt: »Bernd, da hättest du sogar gegen Boris Becker gute Chancen gehabt ...«

»Wie kommst du darauf?« fragte ich.

»Der Boris ist einfach zu sehr abgelenkt. Er ist nicht gut drauf. Wäre er sonst gleich in Paris in Runde zwei gegen einen Nobody rausgeflogen?«

»Woran das bloß liegen mag?« wollte ich wissen.

»Es soll an seinem Trainer gelegen haben, den er jetzt gefeuert hat. Er hat ihn in wenigen Monaten völlig versaut, spielmäßig.«

»Das halte ich für einen ganz großen Quatsch«, sagte ich, »es liegt natürlich nicht

am Trainer, es liegt an seiner Freundin. Sie saugt ihn aus. Sie wird ihn total nerven. Sie läßt ihn nicht mehr aus den Augen. Ich stelle mir vor, wie es wäre, wenn du mir regelmäßig bei der Arbeit zusehen würdest ...«
»So selbstquälerisch bin ich nun auch wieder nicht veranlagt«, meinte Susi schnippisch und fügte hinzu: »Wenn du in der Weltrangliste von Position einunddreißigmillionensiebenhundertsechsundachtzigtausendsechshundertzweiundzwanzig ein paar Plätze nach oben klettern würdest, wäre das vielleicht etwas anderes ...«
So ehrgeizig bin ich nun auch wieder nicht!
Der Leistungsabfall von Boris Becker erklärte sich schnell: Er war schwanger. Und schwangere Väter bringen keine volle Leistung mehr. Das tun nur schwangere Mütter ...

Hiermit trete ich zurück als Müllmann!

Haben Sie auf die Uhr gesehen? Es ist ganz erstaunlich: In den vergangenen sechs Stunden ist kein deutscher Politiker von seinen Ämtern zurückgetreten. Was ist los? Die Herren Engholm, Krause und Frau Pfarr haben ein gutes Beispiel gegeben (nachdem sie zuvor mit schlechtem Beispiel vorangegangen waren).

Warum also jetzt keine Rücktritte mehr? Muß man alles allein machen?

Also gut, überredet. Dann trete ich eben zurück. Von was? Lesen Sie selbst — hier ist meine Rücktrittserklärung in Form eines offenen Briefes an Susi Super:

»Liebe Susi Super,

nach reiflicher Überlegung und wohlwollender Abwägung möchte ich Dich von meinem Entschluß in Kenntnis setzen, das Amt als familiärer Müllentsorger zur Verfügung zu stellen.

Du kannst Dir sicher denken, daß mir diese Entscheidung nicht leichtfällt.
In den vielen Jahren meiner Tätigkeit ist mir das kurzweilige Sortieren von Normalmüll, Flaschen, Papier und Sondermüll so recht ans Herz gewachsen.
In der vorigen Woche nun hast Du mich dabei beobachtet, wie ich aus Versehen eine Weinflasche in den Normalmüll warf. Deine berechtigte Schelte klingt mir noch heute in den Ohren.
Ich muß mir selbst den Vorwurf machen, umweltmäßig versagt zu haben. Ich habe die Flasche nicht ordnungsgemäß entsorgt, weil sie mit Deiner leckeren Knoblauch-Gorgonzola-Sauce bekleckert war. Du weißt: Ich liebe Deine Knoblauch-Gorgonzola-Sauce, aber auf dem Teller und nicht an den Händen. Darum beförderte ich die Flasche nicht in den Flaschencontainer.
Sei es drum. Ich will mich nicht rausreden. Ich bin anderen gegenüber in Umweltdingen äußerst streng — daher ist es nur konsequent, wenn ich mich an meinen eigenen Maximen messen lasse und von meinem Amt als Müllmann der Familie zurücktrete — auch in der Hoffnung, unsere Familie vor weiterem Schaden bewahren zu können.

Rückblickend möchte ich sagen: Es war eine schöne Zeit mit dem vielen Müll. Jetzt, wo es am schönsten ist, höre ich auf.
Um es kurz zu machen: In den nächsten Jahren kannst Du den Müll runterbringen. Vielleicht bald ein Job für Mäxchen?
Dein Ex-Müllmann!«

Texte für alle Fälle: Sprecht nur auf Band!

Immer mehr Menschen sind offenbar überzeugt davon, daß sie ihren Humor sogar beim Besprechen ihres automatischen Anrufbeantworters unter Beweis stellen müssen. Was tun Leute nicht alles, um besonders komisch zu sein!

Die Zeiten, als man seine Ansprache mit einem fulminanten »Dada da da« begann, um dann den Anrufer mit dem launigen Satz »Bei Beethoven sind Sie nicht gelandet« aufzuklären — sie sind vorbei. Es waren Auswüchse der ersten Anrufbeantworter-Generation, wenn man das mal so bezeichnen darf.

Auch die Vertreter der Knapp-Komik sind gefordert: Ihre Ansage »Hier ist der automatische Willi Klawuttke« ist so out, outer geht's schon gar nicht.

Nicht zuletzt Formulierungskünstler, die einem erst ihre ganze Lebensgeschichte erzählen, um dann lediglich mitzuteilen, daß sie nicht zu Hause sind — alles Auslaufmodelle!

Für alle, die nun völlig verunsichert sind, weil sie eindeutig nicht mehr im Trend liegen, ist jetzt ein Buch erschienen mit zeitgemäßen Ansagen.

Kostprobe gefällig?

Geräusch: Türenschlagen mit Schlüsselumdrehen, lautes Auto- oder Motorradanlassen. Dazu Text: »Ich konnte leider nicht länger warten. Hinterlaßt mir eine Nachricht auf Band ...«

Oder:

Geräusch: penetranter Raucherhusten. Dazu Text: »Mußte dringend zum Doktor. Melde mich später wieder.«

Oder:

Geräusch: Kinderlaute oder Babygeschrei. Dazu Text (mit nachgemachter Kinderstimme): »Meine Eltern sind schon wieder nicht da. Ich bin ganz allein zu Hause und trau mich nicht ans Telefon. Kann ich endlich mal ungestört fernsehen. Sie rufen aber ganz sicher wieder zurück. Sprecht nur auf Band ...«

Na, bringt uns das nicht weiter?! Ist das nicht zum Brüllen komisch? Die wahre Lebenshilfe für den Menschen im fortschreitenden Kommunikationszeitalter.

Da lob' ich mir doch meinen Freund Rüdiger, der macht es ganz kurz und knapp mit den

BAHHH
ZZZ

Worten: »Hier ist der elektronische Butler von Brunhilde und Rüdiger. Bitte, bitten Sie nicht um Rückruf. Ist uns zu teuer. Eine Nachricht können Sie gern hinterlassen …«

Zu Gast in Berlin: Oft wird's peinlich

Berlin ist eine Reise wert« — an diesen Slogan vergangener Tage erinnert man sich nahezu wehmütig.

»Berlin tut gut« — das war ein Motto, das auch der Stadt gut tat.

Inzwischen herrscht allerorten große Ratlosigkeit, weil in Berlin die Touristen in dem früher gewohnten Maß ausbleiben.

Am vergangenen Wochenende hatten Susi Super und ich Besuch aus Amerika. Natürlich haben wir eine kleine Sightseeing-Tour zusammengestellt.

Unser Besuch wollte unbedingt den Kurfürstendamm sehen.

»Das hatte ich befürchtet«, sagte ich zu Susi, »das ist mir peinlich, denn diesen Boulevard der Dämmerung kann man ja kaum noch zeigen.«

Susi Super ist eine ungewöhnlich pfiffige

Frau, und so kam sie auf die Idee, mit dem Bus über Halensee den Kurfürstendamm entlang bis zur Uhlandstraße zu fahren. »Von da in Richtung Tauentzien ist das Elend nicht so groß ...«, erklärte sie.
Als wir aus dem Bus stiegen, hielt ein etwa zehn Jahre alter Knirps unseren amerikanischen Freunden ein Pappschild vor die Nase. Darauf stand: »Ich habe Hunger. Eine Mark!«
Dann zeigten wir unseren Gästen ein paar Hütchenspieler — eine Attraktion für die Stadt.
Wenig später kamen wir zum Wasserklops. Einer unserer Gäste nahm seine Videokamera aus der Tasche. Ich stürzte gleich auf ihn zu und warnte: »Faß die Schlaufe noch einmal ums Handgelenk.«
Im unteren Café am Europa-Center tranken wir Bier und Cola. »Ich muß gleich kassieren«, sagte der freundliche Ober. Aber es klang so, als wollte er sagen: »Sie sind genau die Typen, die abhauen, ohne zu zahlen ...«
Dann erschien eine Zigeunerband. Erst lockte die Pußta. Dann lockten die Mitglieder der Gruppe den Gästen das Geld aus der Tasche. Nicht mit einem Hut oder einem Teller — das hat ja immer noch etwas Freiwilliges. Sie hielten direkt die Hand auf. Als wollten sie

sagen: »Zahlen — oder du wirst Gulasch ...« Berliner Flair.

Unsere Gäste besitzen in Kalifornien ein Möbelhaus. Und sie zeigten Interesse daran, auch mal ein Berliner Möbelhaus zu sehen. Einfach nur so — zum Vergleich und zur Orientierung. »Eigentlich war ich froh«, sagte ich zu Susi, »daß wir unsere Wohnung gerade komplett eingerichtet haben und ich Möbelhäuser nicht mehr von innen sehen muß ...«

»Du tust es ja auch nicht für dich oder für mich«, meinte Susi, »sondern für unseren Besuch. Außerdem gibt es in Möbelhäusern wenigstens keine Leute, die dich anhauen und betteln ...«

Das leuchtete mir ein. So haben wir uns also auf den Weg gemacht. Als wir eines der großen Möbelhäuser betraten, standen gleich drei Herren von ihrem Sitzmöbel auf (davon gibt es dort ja genug) und kamen auf uns zu.

»Was können wir für Sie tun?« fragte der eine.

»Wir wollen uns nur mal umsehen«, erklärte Susi Super.

»An was dachten Sie?« fragte der Empfangschef weiter.

»Ich sagte doch, wir wollen uns nur mal umsehen«, wiederholte Susi.

»Ich fragte, was Sie exakt suchen«, setzte der Polstertyp nach.
»Wir suchen das Weite«, sagte ich angewidert.
Als wir wieder auf die Straße kamen, spielte ein Mann — mit einem kleinen Schälchen vor sich — auf dem Akkordeon »Muß' i denn zum Städtele hinaus ...«
Unser Besuch ist inzwischen wieder in Amerika. Die Gäste bedankten sich. Es habe ihnen sehr gut gefallen.
Na, bitte. Nur uns nicht ...

Mannomann: Elf Frauen in Dessous

Rüdiger rief mich vorige Woche an und sagte: »Bernd, stell dir vor, es ist etwas ganz Ungewöhnliches passiert: Bruni hat mich gefragt, ob ich nicht am nächsten Sonnabendabend mit dir in die Kneipe gehen will ...«

»Das ist in der Tat ungewöhnlich«, bestätigte ich. »Frauen meckern ja meistens darüber, wenn es ihre Männer in die Kneipe zieht. Und du wirst nun exakt dazu animiert ... Ich werde Susi Super fragen — sie weiß bestimmt, was dahintersteckt.«

Beiläufig fragte ich am Abend: »Hast du was dagegen, wenn ich am Sonnabendabend mit Rüdiger um die Häuser ziehe?«

»Überhaupt nicht«, antwortete Susi, »im Gegenteil: Ich bin sowieso bei Bruni eingeladen. Sie hat Rüdiger Freigang gegeben — ihr könnt euch prima zusammentun.«

Darauf ich: »Was hat Rüdiger? Freigang? Habe ich richtig verstanden, die Ehe als Knast?«

»Nun sei doch bloß nicht so empfindlich«, meinte Susi. »Bruni veranstaltet am Sonnabend bei sich eine Dessous-Party. Da hat natürlich Rüdiger nichts zu suchen. Immerhin hat sie zehn Frauen eingeladen. Dessous-Partys sind in England der große Renner. Es kommt eine Vertreterin, die bringt ihre ganze Kollektion mit — und die Kundinnen können alles anprobieren, sich beraten und, wenn ihnen was gefällt, auch was kaufen ...«

»Ich habe auch schon davon gelesen«, sagte ich, »aber kann ich da nicht mitkommen? Nun ist bei Bruni mal was los — und ich bin nicht dabei!«

»Du Ferkel!« sagte Susi.

Am Sonnabend traf ich mich mit Rüdiger also, wie befohlen, in der Gaststätte. »Ich stelle mir gerade vor«, sagte mein Freund, »wie in meinem Wohnzimmer elf halbnackte Frauen in Dessous rumlaufen, während wir hier blöde rumsitzen ...«

»Wir könnten einen Überraschungsbesuch machen«, schlug ich vor, »du wirst doch in deiner eigenen Wohnung ohne Voranmeldung auftauchen können ...«

»Genau«, sagte Rüdiger, »ich lasse mich nicht aussperren! Ich nicht!«

Eine halbe Stunde später waren wir dort. Wir

trauten unseren Augen nicht. Die Damen hatten keine Dessous in der Hand (geschweige denn welche an) — sie hantierten mit Putzlappen und Schwämmchen. Eine Firmenvertreterin propagierte ein neues Putzsystem.
»Ich habe mich geirrt«, sagte Susi zu mir, »die Dessous-Party steigt erst nächste Woche. Das hier ist die Putzteufel-Party ...«
Und gleich sah der Gastwirt uns wieder!

Ein Besuch im Zoo: Wenn Susi Super affig wird...

Achtzig Millionen Bundesbürger halten, laut Statistik, rund sechzig Millionen Haustiere. Wir leben also in einem Land, in dem es tierisch abgeht.

Kein Wunder, daß die Tierfutterbranche boomt. So wird das Angebot auch immer üppiger: Haifisch-Steaks für Katzen gefällig? Das Kaninchen mümmelt sehr gern Kiwi-Brot, damit die Nagezähne schön scharf bleiben. Pferde mögen Schwarzbrot mit Sirup!

Das neueste Hundemenü heißt »Dog Fit«, drei Mini-Koteletts im Fleischsaft gebacken, dazu Käsesnacks mit Calcium.

Merkwürdigerweise hat der Weinhandel auf den neuen Kundenkreis noch nicht reagiert. Dabei würde man in besseren Hundekeisen einen 89er »Schloß Kötersberg« oder einen 88er »Château Bell-Ami« durchaus goutieren, um das mal entsprechend vornehm aus-

zudrücken. Was nicht ist, kann ja noch werden.
In Amerika ist man, was die Bedeutung des Hundes als Kunden angeht, wieder einmal sehr viel weiter als bei uns.
So meldete kürzlich die »Bild«-Zeitung, daß Tiere bereits allein in Supermärkten einkaufen gehen würden. Wo sie stehenbleiben und irgendwie auf sich aufmerksam machen, laden Angestellte das gewünschte Futter ein — Herrchen oder Frauchen holen später den vollen Einkaufskorb ab.
Wenn Sie also zum Beispiel demnächst in der Lebensmittelabteilung des KaDeWe drei Bernhardiner, vier Schnauzer und zwei Dackel am Wurststand sehen — wundern Sie sich nicht: Die Tierchen liegen voll im Trend ...
Apropos Trend: Zoobesuche sind saisonal der große Renner. Ich war neulich mit Susi Super und Max im Zoologischen Garten.
Beim Spaziergang beobachteten wir ein Paar mit einem etwa zwölf Jahre alten Knaben.
»Jefällt ma hier nich«, maulte der Knirps.
Darauf der Vater: »Mensch, Junge, dit is hier ehm nich unsa Tierpark ... (merke: Zoo = West-Berlin, Tierpark = Ost-Berlin).«
Alles klar!?
Max hat es trotzdem gefallen. Er hat diesmal

GORILLA
Papa!

auch nicht geweint, weil das Löwenpaar, das den Kleinen bei unserem letzten Besuch mit lauten Liebesschreien zum Heulen brachte, anderweitig beschäftigt gewesen ist.
Eine Stunde lang mußte ich mit Max, während es sich Susi im Café gemütlich machte, bei den Gorillas aushalten.
Besonders begeistert war Max von dem schwergewichtigen Oberhaupt der Gorillafamilie. Und während er sich die Nase an der Glasscheibe plattdrückte, zeigte Sohni mit der Hand immer abwechselnd zu dem Gorilla und auf mich. Dazu sagte er: »Papa da!«
Erkannte er eine gewisse Ähnlichkeit?
»Unmöglich«, sagte Susi, als ich ihr anschließend davon erzählte, »der Gorilla und du — ihr seid nicht zu verwechseln: Der Gorilla ist viel dünner ...«
Was soll man eigentlich von einem Kind erwarten, wenn bereits die Mutter so affige Bemerkungen macht?
Schließlich wollte Susi Super, daß Max unbedingt die Robbenfütterung miterlebt, ein Spaß für jung und alt.
Während sie, die kurz zuvor eine Bekannte getroffen hatte, in der Nähe einen Plausch hielt, stellte ich mich mit dem Kleinen ganz vorn ans Becken. Als dann der Wärter einen

Fisch in die Luft warf, eine Robbe vom Felsen ins Wasser plumpste und eine große Wasserfontäne hochspritzte, wurden Max und ich naß bis auf die Haut.
Damit war die Fütterung für uns beendet. Susis Plausch auch. Ende des Zoobesuchs.
Jetzt freuen wir uns auf die Badesaison.

Meister Lampe, Max & Motzki: Wer bekommt das dickste Ei?

Alle Jahre wieder hoppelt der Osterhase durchs Land und verteilt Ostereier an besonders verdienstvolle Zeitgenossen.
Das dickste Ei bekommt diesmal Hertha BSC. Unser zweieinhalbjähriger Sohn Max hat es gemalt. Denn erstens ist Max ein Fußball-Fan (schließlich ist er an einem Tag geboren, an dem die Nationalelf spielte). Und zweitens muß sein Vater den Herthanern etwas abbitten, nachdem er in dem Buch »Berlin '92« gelästert hatte: »Die konstanteste Mannschaft im bezahlten Fußball ist Hertha BSC: Egal, ob die Berliner in der ersten oder zweiten Liga spielen — sie kämpfen immer gegen den Abstieg ...«
Völlig falsch, wie wir inzwischen wissen. Die Hertha-Profis eilen von Sieg zu Sieg. Und dann noch die Pokal-Sensation durch die Amateure!

Kein Wunder, daß Max nun radebrecht: »Matz Hertha päter Tore pielen...« — was für alle mit der Kindersprache nicht so Vertrauten erklärt sei: Max will später bei Hertha spielen und Tore schießen... (Inzwischen können die Berliner Kicker wieder treffsichere Torschützen gebrauchen!)

Wer nun ist außerdem auf der Eierliste des Osterhasen?
Natürlich Steffi Graf. Sie hat im Halbfinale eines Turniers in Florida mal wieder ein Kunststück fertiggebracht: Gegen Gabriela Sabatini gewann sie den ersten Satz mit 6 : 0, führte im zweiten Satz bereits mit 5 : 0 und siegte schließlich knapp mit 7 : 6. Das ist Dienst am Zuschauer!

Ein dickes Ei bekommt Verkehrsminister Krause. Als Trost für diesen in seinen lauteren Absichten immer völlig mißverstandenen Mann, um ihm vor allem über seinen Putzfrauen-Kummer hinwegzuhelfen.

Kennen Sie noch Motzki? Über den haben sich bei seiner Fernseh-Premiere sehr ernsthafte Leute sehr ernsthafte Gedanken gemacht. Er könnte die Nation spalten! Er wür-

de die Gräben zwischen den Deutschen Ost und den Deutschen West weiter vertiefen! Alles Quatsch! Motzki ist eine unflätige Knallschote in einer eher mäßigen Fernsehserie. Viel Lärm um nichts!
Dafür, Herr Motzki, nehmen Sie jetzt gefälligst ein faules Osterei, Sie Arschloch!

Stellvertretend für den Berliner Senat bekommt Verkehrssenator Haase das Osterei des Jahres.
Dieser Senat hat es schließlich verdient, weil das Leben in der Stadt immer schöner wird. Staus sind schon längst kein Thema mehr. Das Fahren mit der BVG ist angenehmer und sicherer geworden. Der Kurfürstendamm gewinnt zunehmend an Pracht. Die Planung für das neue Regierungsviertel wirft keine Fragen mehr auf.
Und wenn, wie am vergangenen Sonntag, mehrere tausend Jogger unterwegs sind, wird der von der Polizei »umgelenkte« Berlin-Tourist statt in die Nationalgalerie zügig in die sicher ebenso sehenswerte Yorckstraße geführt. Eine besonders originelle Maßnahme zur Förderung des Berlin-Tourismus' ...

Wie Beuys 30 Kunstwerke in 15 Tagen erschuf

Ohne Zweifel gehört der verstorbene Joseph Beuys zu den aufregendsten Künstlern unseres Jahrhunderts. Die einen halten ihn nach wie vor für ein Genie, die anderen meinen hartnäckig, er sei ein Scharlatan gewesen. Für mich war er eindeutig ein Genie; denn ich kenne kaum jemanden, der die Menschheit derart hinters Licht geführt und damit sogar Millionen verdient hat.
Ich habe Beuys einmal erlebt und traf ihn im Vorfeld einer großen Ausstellung im Martin-Gropius-Bau in West-Berlin. Dort hatte er in der großen Halle einen imposanten Lehmberg aufschütten, einen Holzpfahl errichten und an dessen Spitze eine Dauerwurst befestigen lassen.
Viele Kunstkritiker haben sich sehr anerkennend über dieses Werk geäußert, obwohl die Anzahl der ratlosen Ausstellungsbesucher nicht gering gewesen ist.
Nach der Ausstellung wollte ich wissen, was denn nun eigentlich mit all dem Lehm passie-

MÜLL
MIRO
BEUYS

re? Die Antwort, die ich erhielt, verblüffte mich: Man könne, hieß es, den Beuys-Lehm kaufen — eine Plastiktüte mit echtem Beuys-Lehm koste fünf Mark. Und schon war ich da mit zwei Plastiktüten …

Susi Super, mit moderner Kunst nicht sonderlich vertraut, erklärte mich für verrückt, als ich mit dem Zeug nach Hause kam. Beim nächsten Umzug landete das partielle Kunstwerk dort, wo es nach Meinung vieler auch hingehörte: auf dem Müll.

Inzwischen stelle ich mir die bange Frage, ob da nicht ein unwiederbringliches Kulturgut vernichtet wurde?

Erst kürzlich sind in Wien 30 Objekte des Künstlers aufgetaucht, die er in nur 15 Tagen geschaffen haben soll. Wenn man bedenkt, wie lange zum Beispiel Meister Michelangelo für die Sixtinische Kapelle gebraucht hat — nämlich mehrere Jahre —, kann man diese Leistung gar nicht hoch genug einschätzen.

»Beuys war ein Schnellkünstler«, erklärte der Leiter der Wiener Kunsthochschule, Oswald Oberhuber. Er habe von einer Art Dienerschaft so vielerlei vorbereiten lassen, daß alle Zutaten parat lagen und daß er sich ausschließlich auf die Fertigung des Kunstwerks konzentrieren konnte.

Oberhuber selbst war es, der für das Beuys-Werk »Jungsfrau nasse Wäsche« die Materialien besorgt hat. Das Objekt »Mensch/Fähre« sei in nur zwei Stunden entstanden.
»Kauf mir eine Flasche mit billigem Schnaps«, so zitiert Oberhuber Beuys. Er habe sich dann mit dem Schnaps eingerieben und etwas auf die Flasche geschrieben. Dieses Kunstwerk war in nur wenigen Minuten fertig.
Wer nach diesen Schilderungen immer noch daran zweifelt, daß Beuys ein Genie gewesen ist, den erkläre ich für verrückt ...
Ich habe, gleich nachdem ich von diesen Vorgängen in der Zeitung gelesen hatte, Susi Super vom Büro aus angerufen und gesagt: »Liebling, wenn du einkaufen gehst, besorge mir doch bitte eine Flasche mit ganz billigem Schnaps!«
»Bist du so weit, daß du billigen Fusel trinkst?« fragte Susi Super.
»Ich will ihn nicht trinken, ich will mich damit einreiben und dann auf die leere Flasche meinen Namen schreiben. Ich bin nämlich ein Schnellkünstler ...«
Susi war sprachlos. Dann hörte ich, wie sie zu unserem kleinen Sohn sagte: »Mäxchen, du mußt jetzt ganz stark sein: Deinem Papa geht es sehr schlecht ...«

Wenn der »mutmaßliche Mörder« mutmaßlich ruht

Also gut: Verkehrsminister Krause — das ist der mit dem Nicht-Rücktritts-Gesicht — hat die Sache mit dem »Aufschwung Ost« etwas zu wörtlich genommen, als er sich seine »Perle« zu einem Großteil vom Arbeitsamt finanzieren ließ. Nun wollen wir doch mal nicht so kleinlich sein: Woher soll ausgerechnet ein Bundesminister wissen, daß es zu Irritationen führen kann, wenn man sein Wohnzimmer mit Steuermitteln sauber hält?

Decken wir also den Mantel der Nächstenliebe über dieses prominente Nordlicht. Immerhin hat die Affäre dazu beigetragen, daß man in der Öffentlichkeit wieder den Begriff »Putzfrau« verwendet, ohne dafür gescholten zu werden.

»Putzfrauen« hat es nämlich rund 20 Jahre lang überhaupt nicht mehr gegeben. Jedenfalls nicht im Sprachgebrauch. »Raumpflegerinnen« wurden sie im Zuge sozialer Aufwertung genannt, »Haushaltshilfe« oder gar »Reinigungsfachkraft«. Und in besseren Kreisen fiel auch schon mal die Bezeichnung »Parkettmasseuse« ...

Nun also ist die »Putzfrau« wieder da. Das hat auch die Gesellschaft für deutsche Sprache festgestellt. Im Rahmen einer groß angelegten Wortreinigungsaktion wurde gleich der Begriff »Azubi« für Auszubildende auf die Out-Liste gesetzt. In den nächsten Jahren, heißt es, würden Azubis wieder Lehrlinge sein. Und da wir alle sicher gern mal essen gehen, ist vielleicht auch dieser Hinweis von Bedeutung: Der Kellner bleibt bis auf weiteres — Kellner. Der Versuch, jeden nöligen Ober (»Kolleje kommt jleich ...«) zur »Restaurantfachkraft« zu befördern, ist als gescheitert anzusehen.

Es herrscht wieder Ordnung, jedenfalls in sprachlicher Hinsicht.

Apropos: Da fällt mir doch mal wieder das schöne Wort »mutmaßlich« ein. Als vor ein paar Wochen in New York der Bombenanschlag auf das World Trade Center verübt wurde, hörte ich im Radio eine Reporterin sagen: »Von den mutmaßlichen Tätern fehlt jede Spur ...«

Ich bin zusammengezuckt. Waren wirklich die »mutmaßlichen Täter« entkommen — oder waren es die richtigen Täter, die da fliehen konnten? Denn daß es Täter waren, die den Anschlag verübt haben, wird ja wohl niemand bestreiten ...

Das Wort »mutmaßlich« — Zitat Duden: »auf Grund bestimmter Tatsachen, Anzeichen möglich, wahrscheinlich« — wird in der Bundesrepublik seit Beginn der Terroristenfahndung in den siebziger Jahren inflationär gebraucht. Es weist auf den Rechtsgrundsatz hin, wonach niemand als Täter bzw. Mörder bezeichnet werden darf, bevor ein rechtsgültiges Urteil gefällt worden ist.

Daß man aber nicht einmal anonyme Täter als Täter bezeichnen darf — das ist wohl doch eher kurios.

In einer Hamburger Zeitung las ich vom Tod Gerhard Bögeleins. Das Landgericht Hamburg hatte ihn 1992 zu lebenslanger Haft verurteilt, weil er nach Meinung des Gerichts 1947 in sowjetischer Kriegsgefangenschaft den Oberstabsrichter Erich Kallmerten erschlagen hat.

Der Zeitungsbericht begann mit dem Satz: »Der mutmaßliche Mörder Gerhard Bögelein ist tot ...«

Möge er in seinem mutmaßlichen Grab sanft und mutmaßlich ruhen ...

Neue Steuer: Zug um Zug in den Ruin …

An das Finanzamt
München 13

Betrifft: Stundungsgesuch

Nachdem ich meine Umsatz-, Stempel-, Einkommens-, Vermögens-, Hauszins-, Grund-, Gewerbekapital-, Bürger-, Gewerbeertrags-, Reichsflucht-, Lohnsummen-, Hunde-, Getränke-, Tabak-, Auto-, Kirchen-, Aufbringungs-, Einkommenszuschlag-, Kapitalertrags-, Börsenumsatz-, Wertzuwachs-, Erbschafts-, Geschenk-, Ausgleichs-, Versicherungs- und Erwerbslosensteuer nebst Krankenversicherungsbeiträgen, Invaliden-, Angestellten-, Arbeitslosen-, Lebens-, Feuer-, Einbruch-, Diebstahl-, Haftpflicht-, Berufsgenossenschafts-, Berufsschulgeldversicherung, dazu Handelskammerbeitrag und Hypothekenzinsen bezahlt habe, bleibt mir nur noch das

Porto für diesen Brief, und ich bitte deshalb nochmals um weitere Stundung der Ledigen-, Grunderwerbs-, Gesellschafts-, Wertpapier-, Wechselsteuer, Verwaltungsgebühren, Zündwaren-, Zucker-, Bier-, Schaumwein-, Salz-, Spielkartensteuer und der Reichshilfe für notleidende Aufsichtsräte.
In der Hoffnung, daß Sie meinem Stundungsbegehren entsprechen, verbleibe ich mit freundlichen Grüßen …

Steuernummer 3271/410.

Nein, diese Bittschrift stammt nicht von mir. Ich versteuere mein bescheidenes Einkommen auch nicht in München, sondern natürlich in Berlin. Gleichwohl ist dieser Brief an die unerbittliche Finanzbehörde von nahezu beklemmender Aktualität; sitzen doch sicher auch zu dieser Stunde Politiker zusammen, um sich neue Steuergemeinheiten auszudenken.
Bei dieser Gelegenheit: Eine Atem-Steuer wäre noch denkbar — nach dem Motto »Zug um Zug in den Ruin« …
Das hier veröffentlichte Schreiben hat mir Herr Horst Göris aus Lichtenrade zuge-

schickt, nachdem ich in meiner Zeitungskolumne den Finanzminister gefragt hatte: »Wann kommt die Steuer für den Goldfisch?«
Was nachdenklich stimmt: Der Brief trägt einen Eingangsstempel vom 12. Juni 1932! Schon damals stammten die Finanzminister also offenbar vom ägyptischen Schnorrerkönig Na-gib ab!

Verdammter Pfeffer! So macht man eine Frau glücklich ...

Susi Super, wie jedem aufmerksamen Leser nicht entgangen sein kann, ist eine streitbare Person. Das haben jetzt auch die Verantwortlichen eines großen internationalen Lebensmittelkonzerns zur Kenntnis nehmen müssen. Susi, die scharfe Sachen liebt, hat ein paar Fünf-Minuten-Terrinen mit asiatischem Zeug wieder an den Hersteller zurückgeschickt, weil sie meint, man habe den Anteil der hinterhältigen Schärfe wesentlich reduziert.

»Schmeckt so feurig wie 'ne Selters«, maulte sie.

Der Hersteller reagierte freundlich mit dem Hinweis, der Vorwurf sei unbegründet. Strenge Kontrollen sorgten dafür, daß ...

Als Ersatz für die reklamierten Terrinen hat sie neue bekommen. Susi probierte — und fand auch die nicht super. Jetzt soll *ich* mir die laschen Tassen reinquälen.

Ein Hoffnungsschimmer kommt aus Amerika: Dort hat man, wie zu lesen war, Pfeffer gezüchtet, der 21mal schärfer als normaler Pfeffer und dreimal so scharf wie Tabasco ist. Susi guckte ganz verklärt, als ich ihr davon erzählte. Ich weiß eben, wie man eine Frau glücklich macht.

Jetzt läuft der Countdown für das Jahr 2000!

Der Dortmunder Verleger Bodo Harenberg ist ein Mann mit Weitblick: Er hat einen Kalender auf den Markt gebracht, der bis ins Jahr 2000 reicht.

»Countdown-Kalender« heißt das Werk. Mein geiziger Freund Rüdiger hat es mir zum Geburtstag geschenkt, obwohl es an die 50 Mark kostet! Natürlich überreichte er es mit dem Hinweis: »Das ist mein Präsent für die nächsten sieben Jahre. Nicht, daß du dich wunderst, wenn ich bei deinen folgenden Geburtstagen mit leeren Händen dastehe ...«

Jeder Tag bis zum Jahr 2000 ist mit einem Sinnspruch versehen. Und mit Hinweisen darauf, welche Berühmtheiten an dem jeweiligen Tag geboren sind. Für Geburtstagskinder ist es oft sehr aufbauend, wenn sie erfahren, am gleichen Tag wie der große Goethe, Einstein oder Heino geboren zu sein ...

Im Zusammenhang mit dem Countdown ist

in der Öffentlichkeit ein Datum in seiner Bedeutung gänzlich unerkannt geblieben, und zwar der vergangene Freitag, der *26. Februar 1993.* An diesem Tag waren es nämlich genau noch *2500 Tage bis zum Jahr 2000.*

Für alle, die ihr Leben schon jetzt genau verplanen wollen, sei erwähnt, daß der 31. Dezember 1999 auf einen Freitag fällt. Auf dem Countdown-Kalenderblatt steht für diesen Tag ein Spruch von Albert Einstein: »Ich denke niemals an die Zukunft. Sie kommt früh genug.«

Recht hat er: Schon einen Tag später geht es weiter — mit einer sicher gewöhnungsbedürftigen Jahreszahl: 1. Januar 2000. Es ist ein Sonnabend, dieser Neujahrstag. Und wenn unsere Bundesregierung bis dahin nicht die Sieben-Tage-Woche für Arbeitnehmer eingeführt hat, dann haben wir auch am Sonntag frei.

Bis zum Jahr 2000 freilich ist noch ein langer Weg.

Hier also ein paar markante Daten, die für Eheschließungen und die Bestellung von schreiendem Nachwuchs beim Klapperstorch nützlich sein könnten:

Montag, 11. Juli 1994: Noch 2000 Tage bis zum Jahr 2000! Sinnspruch: »Das Beste, was

man vom Reisen nach Hause bringt, ist eine heile Haut.« Eine persische Weisheit.
Ein 11. Juli war der Geburtstag von: Hermann Prey, Ilse Werner, Yul Brynner, Herbert Wehner und O. E. Hasse.
Donnerstag, 23. November 1995: Noch 1500 Tage bis zum Jahr 2000. Sinnspruch: »Jede Gesellschaftsordnung entsteht nur durch die finanzielle Unterstützung einer bestimmten Klasse.« Sagte Lenin.
Ein 23. November war der Geburtstag von: Paul Celan, Marieluise Fleisser, Günter Gaus und Herbert Achternbusch.
Sonntag, 6. April 1997: Noch 1000 Tage bis zum Jahr 2000. Sinnspruch: »Eine gute Schwäche ist besser als eine schlechte Stärke.« Sagte Charles Aznavour.
Ein 6. April war der Geburtstag von: Bob Marley, Hans W. Geißendörfer und des italienischen Malers Raffael.
Mittwoch, 19. August 1998: Noch 500 Tage bis zum Jahr 2000. Sinnspruch: »Ein Kompromiß ist dann vollkommen, wenn beide bekommen, was sie haben wollen.« Sagte Edgar Faure.
Ein 19. August war der Geburtstag von: Coco Chanel, Adele Sandrock und der Gräfin Dubarry.

2000

Donnerstag, 23. September 1999: Noch 100 Tage bis zum Jahr 2000. Sinnspruch: »Es gibt nur eine Heilkraft, und das ist die Natur.« Sagte Schopenhauer.
Ein 23. September war der Geburtstag von: Kaiser Augustus, Robert Bosch, Romy Schneider, Ray Charles und Bruce Springsteen. Wie und wann auch immer: Der Countdown läuft …

So richtig Freude machen nur die Fehler der anderen

Johannes Gross, das sprachgewaltige Medien-Rundgesicht, hat im Magazin der »Frankfurter Allgemeinen Zeitung« die Deutschen als »ein Volk ohne Diskretion« bezeichnet. Es sei »das Volk vieler Tugenden, dem aber Diskretion abgehe«.

»In welchem Land«, fragt Gross, »wird jemand von Fremden beim Essen angesprochen? Wo schreibt man Unbekannten Briefe, um ihn auf grammatikalische oder orthographische Fehler aufmerksam zu machen? Wo ruft man Privatmenschen privat an, die man nie kennengelernt hat?«

Ein bißchen mehr Diskretion täte zuweilen sicher gut. Nur: Wo kämen wir hin, wenn der geneigte Leser, Hörer oder Zuschauer nicht das Recht hätte, sprachliche Fehlleistungen zu tadeln? Dann würden so manche Torheiten unwidersprochen im Raume stehenbleiben.

Der große Alfred Polgar schrieb einst: »Im allgemeinen will ich ja über Druckfehler nicht klagen. Man darf kein Pedant sein. Geringfügige Textabweichungen wie ›Ventil‹ statt ›Detail‹, ›geschlechtlich‹ statt ›geschichtlich‹, ›Kuhpocken‹ statt ›Kuhglocken‹, ›Krapfen‹ statt ›Karpfen‹ machen die Diktion nur saftiger, so wie auch fehlende Zeilen nur der Stil-Dichte zugute kommen. Es besteht hier überdies die Chance, daß der Leser — im geborstenen Satz ratlos herumstolpernd — nicht den Autor, sondern sich selbst für einen Trottel hält ...«
Fehler sind zu blöd. Man liest korrigierende Hinweise dieser Art stets mit schmerzverzerrtem Gesicht, weil man sich selbst am meisten ärgert. Und weil man den Kollegen damit ungewollt eine Freude macht (nichts freut einen Journalisten so sehr wie der Fehler eines anderen Journalisten).
Und weil wir gerade so schön tabula rasa machen: Der Kollege, der kürzlich in unserem Blatt behauptete, daß auf dem Gebiet der früheren DDR ein Fristenmodell gelte, nach dem Schwangerschaftsabbrüche bis drei Monate nach der *Geburt* erlaubt seien — er hat sich von seinem Nervenzusammenbruch erholt und ist wieder an seinem Arbeitsplatz.

In Berlin erzählt man sich noch heute gern eine Druckfehler-Anekdote von Friedrich Luft. Der legendäre und inzwischen verstorbene Theaterkritiker war Mitte der 50er Jahre Feuilleton-Chef der »Neuen Zeitung«. Als das Blatt eingestellt wurde, hob Luft voller Stolz einen besonders schönen Beitrag von Gottfried Benn ins Blatt. Dieser hatte seine innige Beziehung zu dem Dichter Liliencron geschildert. Die Überschrift, die Luft machte, sollte heißen: »Er war mein Gott«. Aber im Blatt stand schließlich: »Er war mein Gatte«. Wie peinlich! Benn hat nie wieder mit Luft gesprochen und starb wenig später — aus Gram?

Berlin braucht jetzt endlich einen Äquator!

Berlin hatte bereits die Tour de France und sogar ein alpines Abfahrtsrennen. Es ist daher nur konsequent, daß Berlin nun endlich einen Formel-1-Kurs bekommen soll. Bei den Übertragungen internationaler Rennen habe ich mich immer gefragt: Warum hat Berlin keinen Großen Preis von Monaco?

Überhaupt gibt es viele Dinge, die es in Berlin nachweislich nicht gibt. Zum Beispiel fehlt es der Stadt an einer Art Cheopspyramide. Und nichts gegen den Kreuzberger Wasserfall — aber die Niagara-Fälle sind eindeutig imposanter. Wo bleibt Ihr denn, Ihr Investoren?

Wäre denn der Grand Canyon nicht eine hübsche Attraktion für die Mark Brandenburg? Die Golden Gate Bridge wäre eine Alternative zur ewig verstopften Rudolf-Wissell-Brücke (und ein Anziehungspunkt für Selbstmörder aus aller Welt).

Was ist mit einem Schiefen Turm? Statt den

Fernsehturm am Alex abzureißen, ließe er sich leicht in eine Schräglage bringen.
Es ist übrigens ein Skandal, daß der Äquator nicht durch Berlin geht. Da muß sich doch was machen lassen!
Eines Tages haben wir in Berlin alles — nur die Bundesregierung nicht ...

Wann kommt die Steuer für den Goldfisch?

Die Kriminalisten beklagen einen Anstieg von Überfällen auf Privatpersonen. Diesem traurigen Trend der Zeit folgt offenbar auch die Bundesregierung: Der Bürger ist vor seinen gewählten Vertretern nicht mehr sicher und muß mit immer neuen Übergriffen rechnen.

Jüngstes Beispiel: Die vom Verkehrsminister ins Gespräch gebrachte Autobahngebühr von 360 Mark im Jahr. Auch der Vorschlag, die Autobahnen an private Firmen zu verkaufen, wirft eine Frage auf: Darf der Staat die von seinen Bürgern bezahlte Autobahn einfach verhökern? Und wenn er das tut, womit haben wir noch zu rechnen? Hier ein paar Pläne, die noch geheim sind, die aber schon bald von den Bankrotteuren eines gänzlich gescheiterten Staatsgefüges an die Öffentlichkeit getragen werden können.

❶ Einführung einer sogenannten Daseins-Abgabe ab Januar 1994:
Sie betrifft jeden lebenden Deutschen — egal welchen Alters. Geplant ist eine Abgabe pro Person und pro Tag von einer Mark, also höchstens 365 Mark pro Person und pro Jahr. Die Daseins-Abgabe, die von der Steuer als individueller Sonderposten abgesetzt werden kann, soll die Kosten decken, die jeder Bürger der Verwaltung im Laufe seines Lebens durch Geburt, Kindergarten, Schule, Ausbildung und Tod verursacht.

❷ Einführung einer sogenannten Sterbe-Abgabe ab Januar 1995:
Sie betrifft alle Toten und ist gekoppelt mit einer sogenannten Sterbe-Erwartungsversicherung. Damit ist gewährleistet, daß auch Verstorbene ohne Anhang die Sterbe-Abgabe leisten können.
Die Sterbe-Abgabe ist gestaffelt und errechnet sich aus der Addition eines jeden »abgelebten« Monats. Sie beträgt für jeden angefangenen Lebensmonat 10 Mark. Als Anreiz für eine besonders gesunde Lebensweise werden Hundertjährige von dieser Abgabe befreit (Sterbe-Abgabe-Ausschluß-Klausel). Bedingung: Die Eltern müssen den bei der Finanz-

behörde einzureichenden Antrag mit unterschreiben.

❸ Einführung einer sogenannten TV-Steuer ab Januar 1996:
Nach Auflösung der öffentlich-rechtlichen Rundfunk- und Fernsehanstalten und dem Wegfall der Gebühren erhebt der Staat für die Vergabe von Sende-Hoheitsrechten eine monatliche TV-Steuer von 150 Mark pro Haushalt. Beamte und andere minderbemittelte Berufsgruppen können von dieser Steuer befreit werden.

❹ Einführung einer sogenannten BVG-Verweigerungssteuer ab Januar 1997:
Jeder, der nicht den Besitz einer Dauerkarte für die Benutzung öffentlicher Verkehrsmittel nachweisen kann, wird mit einer Steuerabgabe von 200 Mark pro Monat bedacht.

❺ Einführung einer sogenannten Berufsgruppen-Steuer ab Januar 1998:
Sie gilt als sozial besonders verträglich, weil immer nur eine geringe Anzahl von Berufsgruppen an der Reihe sind, die dann erst wieder nach einem guten Dutzend Jahren abgabepflichtig werden. Begonnen wird mit der

F-Gruppe. Sie betrifft: Fußballer, Friseure und Fernseh-Serien-Autoren (tja, Herr Menge, da werden Sie ganz schön motzen, nicht wahr?). Steuerhöhe: Zehn Prozent des Jahres-Netto-Verdienstes.

❻ Einführung einer Von-Fall-zu-Fall-Steuer ab Januar 1999:
Sie gilt allerdings nur für Links- und Rechtshänder. Höhe der Abgabe: einheitlich 100 Mark pro Jahr.

❼ Einführung einer Tier-Pro-Kopf-Steuer ab Januar 2000: Sie beträgt 50 Mark pro Jahr und gilt für Hunde, Katzen, Goldhamster, Wellensittiche, Goldfische und Läuse.

Womit bewiesen wäre, daß wir durch das segensreiche Tun unserer Politiker einem lausigen Jahrtausend entgegensehen …

Triumph des Fortschritts: Plötzlich bin ich nur noch eine Nummer

Was macht der Bundespostminister?«
»Er erledigt die Post ...«
Dieser Witz macht zur Zeit die Runde, nachdem aus dem Füllhorn der Post Tausende von neuen Postleitzahlen gepurzelt sind.
Berlin bekommt, es ist hinlänglich bekannt, 129 neue Postleitzahlen. Eine imponierende Zahl — echt Hauptstadtniveau!
Jetzt weiß ich auch, warum Christian Schwarz-Schilling von seinem Amt als Bundespostminister zurückgetreten ist: Nicht der Zwist mit dem Kanzler war der Grund — er wollte einfach nicht den Zorn der Bevölkerung auf sich laden.
Die bundesweite Kritik bekommt nun sein Nachfolger Bötsch ab. Es ist ein bißchen wie in der Antike, wo der Überbringer einer schlechten Nachricht einen Kopf kürzer gemacht wurde. Dabei sind die neuen Postleit-

zahlen eine gute Sache: Es werden später Tausende von Beamten wegrationalisiert. Na, ist das nicht prima! Die Schaffung von Arbeitslosen als Beitrag zum Aufschwung. Das setzt Maßstäbe.

Natürlich: Von Juli an herrscht in unserem Lande ein Chaos wie vor der Erschaffung der Welt. Der angerichtete Zahlensalat wird schwer verdaulich sein.

Dabei ist das erst der Anfang der Einführung weiterer Zahlenkolonnen.

Noch wird der Öffentlichkeit verschwiegen, daß die Post an der Abschaffung der Straßennamen arbeitet.

Wenn jede Straße dereinst eine eigene Zahl haben wird, sind Straßennamen ja auch völlig überflüssig.

Beispiel: Ich habe früher in der Worpsweder Straße in Steglitz gewohnt. Dies wird bald die 12169 sein. Meine Hausnummer war: 23. Vom übernächsten Jahr an würde meine Anschrift 1216923 heißen.

Aber wir sind ja umgezogen nach 140522 (die letzte Stelle ist die Hausnummer).

Man überlegt weiterhin, ob man nicht auch noch die Hausbewohner durchnumeriert und sie der Anschrift hinzufügt. So könnte man gleich den ganzen Namen verschwinden las-

sen. Angenommen unser Zahlenblockwart würde mir die Nummer 10 zuweisen, würde meine komplette Identität lauten: 14052210.
Diese Verfahrensweise eröffnet ungeahnte Möglichkeiten. So könnte man auch noch den Familienstand und die Anzahl der Kinder zahlenmäßig erfassen. Singles bekommen die Kennziffer 1000, Verheiratete die Kennziffer 2000. Die Anzahl der Kinder wird einfach rangehängt.
Ich wäre dann also die 1405221020001. (Ich bin froh, daß bei mir nicht hinten 007 steht.)
Ich freue mich schon auf den ersten Brief einer Behörde, wenn da steht: »Sehr geehrter Herr 1405221020001!« Immerhin: Herr bleibt man!
Sicher werden die, die uns verwalten, schon ein Konzept in der Schublade haben, wie sie auch das letzte Persönlichkeitsmerkmal eliminieren können.

Mit herzlichen
Grüßen
Ihr

1405221020001

Der ideale Mann ist wie du und ich, nur ganz anders ...

Ich habe vor wenigen Tagen in ein paar Kisten mit Fotos gestöbert. Die Tür zum Nebenzimmer war offen, und so konnte ich ein Gespräch zwischen Susi Super und Bruni verfolgen. Beide unterhielten sich sehr lange und sehr detailliert über Männer.

Sowohl Susi Super als auch Bruni schwärmten — leider nicht von mir und Rüdiger, sondern von dem »idealen Mann«. Ich fasse die wichtigsten Erkenntnisse zusammen:

Der ideale Mann sollte sportlich und aktiv sein. Er sollte auf seine Figur achten. Und einen knackigen Po haben.

Er sollte möglichst viel verdienen und genügend Zeit für die Familie haben.

Er sollte so aussehen wie Don Johnson, müßte aber kein Beau sein.

Er sollte erfahren sein und sich die Hörner abgestoßen haben, aber ein lupenreines Vorleben nachweisen können.

Er sollte keinen Alkohol trinken, berauschen soll er sich nur an ihr.

Er sollte unsagbar zärtlich sein und doch instinktiv wahrnehmen, wann sie mal etwas fester angepackt werden möchte.
Er sollte ein romantischer Realist sein.
Er sollte die Hausarbeit als selbstverständlich hinnehmen und ohne zu murren seine Hemden bügeln.
Er sollte den Geburtstag der Schwiegermutti und den Hochzeitstag der Schwiegereltern auswendig wissen.
Er sollte großzügig, aber nicht verschwenderisch sein und sich im angeheirateten Familienkreis wohlfühlen.
Er sollte treu sein und in der Öffentlichkeit so wirken, daß alle Frauen sie um ihn beneiden.
Er sollte spontan, aber kein Chaot sein.
Er sollte zu geistiger Tiefe fähig sein, aber auch mal ganz ungezwungen wirken und laut auflachen können.
Er sollte gebildet, aber nicht besserwisserisch sein.
Er sollte originelle Speisen zubereiten können, ohne dabei die Küche zu verwüsten.
Er sollte mal freiwillig auf ein Fußballspiel im Fernsehen verzichten und statt dessen mit ihr Scrabble spielen.
Um es kurz zu machen: Der ideale Mann ist ein Mann wie du und ich, nur ganz anders.

Offener Brief an Prinz Charles: Was mich mit dem Thronfolger verbindet

Sehr geehrter Prinz Charles, wir sind beide ein Jahrgang, wir haben beide drei Geschwister, Ihr Vater und mein Vater tragen denselben Namen.

Uns verbindet also eine ganze Menge miteinander, sieht man mal von dem geringfügigen Unterschied in Vermögensdingen ab — und davon, daß ich auch schon in den vergangenen Jahren Steuern bezahlt habe.

Sie telefonieren gern? Ich auch! Ich habe allerdings keine Anhaltspunkte dafür, daß mein Telefon abgehört wird. Aber das erfährt man ja, wie Ihr Fall verdeutlicht, manchmal auch erst ein paar Jahre später.

Sie sind ein »Ferkel«, gar ein »Sex-Monster«, wie ich kürzlich in einer Zeitung las? Und Sie machten Ihrer Geliebten am Telefon eindeutig zweideutige Avancen?

Dann liegen Sie ja genau im Trend! Telefon-Sex boomt zur Zeit. Auch in Deutschland. Er ist relativ preiswert. Und die Aids-Gefahr liegt bei null.
Was die Ferkelei angeht: In der Bundesrepublik sorgt zur Zeit eine Theaterinszenierung für Furore, die damit beginnt, daß acht Frauen auf der Bühne in einen Eimer pinkeln. Sehr spritzig, nicht wahr?
Nur sind Sie kein Theaterregisseur und auch kein Dramatiker. Dann wäre Ihnen alles verziehen.
Sie sind (wenn es denn überhaupt noch klappt) der künftige König. In diesem Falle außerdem noch Oberhaupt der Anglikanischen Kirche.
Die Vorstellung, daß ein Mann mit diesen Funktionen sich nichts sehnlicher wünscht, als ein Tampon bei seiner Geliebten zu sein, irritiert so manchen. Eine Zeitung formulierte es so: »Ein Tampon darf nicht König werden!«
Aber erinnern wir uns: Gab es nicht sogar mal einen Papst, der eine Tochter hatte — der war auch nicht gerade ein Vorbild in Glaubensdingen.
Ach, Charles, bleiben Sie stark! Sie sind mir viel sympathischer als die geifernde Zunft der

Scheinheiligen. Als »Ferkel« verschrien, sind Sie — gestatten Sie mir diese saloppe Bemerkung — im Grunde ein armes Schwein. Sie haben meine Anteilnahme. Vor allem, weil wir doch ein Jahrgang sind — und vieles gemeinsam haben …

Hollywood ruft Honecker: Erich, wann kommst du?

Die Mauer ist tot. Es lebe die Mauer!
Wie das? Ganz einfach. Vor sechs Jahren schrieb ich in einer Sonderausgabe der »Berliner Illustrirten Zeitung« — erschienen zum 750. Stadtjubiläum Berlins — den folgenden Satz: »Eher verläßt der Mond die Umlaufbahn der Erde, als daß wir Berliner uns an die Mauer gewöhnen werden.«
Der Lauf der deutschen Geschichte ist hinlänglich bekannt.
Ich selbst gucke von meinem Schreibtisch, wie seit über zehn Jahren, noch immer auf das Gelände des ehemaligen Todesstreifens, der parallel zur Kochstraße verlief. Ich schaue in Richtung Friedrichstraße, dorthin, wo früher der Checkpoint Charlie war — und mein Blick fällt auch auf die Markgrafenstraße.
Und was ich dort sehe, ist wie Kintopp. Nein: nicht *wie* — es *ist* Kintopp!
Dort hat man wieder eine kleine hübsche

Grenze errichtet. Dazu wurde ein Wachturm hingestellt, verziert mit einem schmucken Sowjetstern. Die alte UdSSR-Fahne weht im Januarwind. Scheinwerfer illuminieren den Drehort, der mal Tatort war.

Ich schreibe diese Zeilen am Donnerstag, dem 18. Januar 1993. Am Tag zuvor ist Erich Honecker aus gesundheitlichen Gründen auf freien Fuß gesetzt worden: Er durfte das Moabiter Gefängnis verlassen und per Jet nach Chile zu seiner Frau, seiner Tochter und seinen Enkeln reisen.

Ich stelle mir vor, die Jungs vom Filmteam hätten ihre Mauerszene schon gestern, am späten Abend, gedreht. Und vielleicht hätte das Flugzeug mit Honecker nach dem Start noch eine Runde über Berlin-Mitte gemacht.

Wenn Honeckers Blick auf den Drehort gefallen wäre — vielleicht hätte er vor Freude noch schnell ein Erinnerungsfoto geschossen. Er war ja ein großer Schütze ...

Die Mauer. Ihr Baumeister ist weg. Die Opfer bleiben. Die Trauer auch. Und die »grenzen«-lose Wut vieler Betroffener ebenfalls.

Was werden wir in zehn Jahren über Honecker lesen?

Daß er im Kreise seiner Familie — bei bester Gesundheit, mit erhobener Faust und dem

sozialistischen Gruß auf den Lippen — seinen 90. Geburtstag feierte?
Werden wir uns daran erinnern, daß sich gleich nach der Ankunft Honeckers in Chile — damals, 1993 — der Leberkrebs als eine versetzte Blähung herausgestellt hatte?
Wird es noch Leute geben, die es als geschmacklos empfinden, daß Honecker in Hollywood bei der Verfilmung seiner Biographie (»Honni goes to Hollywood«) sich selbst spielte und dabei noch ein paar Millionen einheimste?
Ach, was! Wir werden ja sehen. Frei nach Bebel: Den Honecker in seinem Lauf hält weder Ochs noch Esel auf ...

Offener Brief an den großen Bellheim

Sehr geehrter Herr Bellheim, herzlichen Glückwunsch zur Sanierung Ihres Kaufhauses!

Sicher haben Sie in den Medien von den düsteren Prognosen für unsere Wirtschaft gehört oder gelesen. Das Deutsche Institut für Wirtschaftsforschung sieht sie »am Rande einer Katastrophe«.

Das ist, finde ich, eine Nachricht, die Sie nicht aufschrecken muß. Und ich möchte Sie fragen — ach was, bitten! — ob nicht *Sie* den Wirtschaftskarren aus dem Dreck ziehen könnten. Sie sind der richtige Mann zur richtigen Zeit. So einen braucht die Nation — jetzt!

Ich habe Ihre Arbeitsweise an vier Fernsehabenden studiert. Dabei ist mir aufgefallen, daß man Sie nur selten bei der Arbeit erwischt hat, und daß Sie sich Ihr Tun und Treiben höchst angenehm zu gestalten wußten.

Die meiste Zeit haben Sie damit verbracht, mit Ihrer Senioren-Crew im Schwimmbecken zu planschen, ständig irgendwelche Mahlzeiten in sich hineinzustopfen, Champagner zu kübeln oder Ihrer grantigen Dekorateuse an die Wäsche zu gehen (gestatten Sie mir den Hinweis, daß mir Ihre Gattin wesentlich besser gefallen hat als das windige Liebchen).
Sie haben also so manchen lieben langen Tag dem süßen Nichtstun gefrönt — und waren doch so erfolgreich. Das nennt man Effizienz: nichts tun, viel erreichen!
Ich habe gleich nach der letzten TV-Folge Helmut Kohl angerufen und zu ihm gesagt: »Helmut, den Bellheim, den mußt du dir als Wirtschaftsminister holen!«
Helmut hat darüber so gelacht, daß er sein Glas mit Pfälzer Riesling verschüttete. Dann sagte er: »Also, Bernd, das ist so: Ich hatte auch schon an Bellheim gedacht. Aber du weißt: Ich, der Helmut, bin gläubiger Christ. Und der liebe Gott hat nun mal festgelegt, daß der Wirtschaftsminister immer ein FDP-Mann sein muß. Das ist ein Gebot von ganz oben. Und der Bellheim ist nun mal nicht in der FDP …«
Ja, lieber Herr Bellheim, vielleicht könnten Sie ja noch ganz schnell dieser glorreichen Partei

beitreten. Und Ihre Rentner-Band gleich mit. Ich sehe Sie schon alle beim nächsten Weltwirtschaftsgipfel — im Pool einer Luxusherberge, das Champagnerglas in der Hand, Frischfleisch im Arm.
Ich fordere Sie auf: Werden Sie Nachfolger von Möllemann!

Gutes Geld für gute Arbeit!

Ich habe — bei allem Verständnis für soziale Not — nichts übrig für Bettelei. Mir reicht schon mein Rüdiger...
Kürzlich bin ich mit der U-Bahn gefahren. Als sich die Türen schlossen und der Zug anfuhr, stellte sich ein recht solide gekleideter Mann Anfang bis Mitte fünfzig in den Gang und fing an, eine Rede zu halten:
»Meine sehr verehrten Damen und Herren, ich möchte mich Ihnen vorstellen: Mein Name ist Rainer von Liebenthal. Meine Großeltern wurden von den Nazis verfolgt, meine Eltern und ich von der Regierung der DDR. Dennoch gelang es mir, mich selbständig zu machen. Meine kleine Kunsttischlerei warf einen schönen Gewinn ab — und ich konnte zwölf Leuten einen Arbeitsplatz geben. Nach der Wende war mein Betrieb nicht mehr zu halten. Ich meldete Konkurs an und bin als Opfer der Wende heute selber arbeitslos. Außerdem hat meine Frau mich verlassen. Sie brannte mit einem Mitarbeiter der Treuhand

durch. Meine Kinder meiden mich wie der Teufel das Weihwasser. Das einzige, was ich noch habe, ist dieser Anzug. Ich weiß, daß auch bei Ihnen das Geld nicht locker sitzt, aber ich flehe Sie an: Haben Sie ein Herz für einen Mann, der sein Leben lang gearbeitet hat. Mit nur fünf Mark können Sie mir helfen. Ich danke Ihnen ...«

Dann zog er eine Baskenmütze aus der Tasche und kassierte: Sechs Barmherzige gaben ihm einen Fünfer. Macht 30 Mark in drei Minuten. Solange dauerte die Fahrt bis zum nächsten Bahnhof.

Nicht schlecht. Ergibt einen guten Stundenlohn ...

Ein Mitfahrer erklärte mir lächelnd: »Der Typ fährt dienstags immer auf dieser Linie. Ich habe ihn am Donnerstag auch mal auf Linie 1 erlebt. Er muß einen ganz präzisen Einsatzplan ausgetüftelt haben. Er soll übrigens immer mit einem regulären Fahrschein arbeiten ...«

Arbeiten!

Das sind also die Leute, die sich der Kanzler wünscht, wenn er fordert: »Bundesbürgerinnen und Bundesbürger mit Ideen und Visionen müssen her.«

Ich sollte umsteigen. Wörtlich genommen.

Tips im Umgang mit Berlinern

Wir Berliner sind ein eigenwilliges Völkchen. Goethe nannte uns einen »verwegenen Menschenschlag«, andere Besucher der Stadt beklagen an uns eine gewisse Ruppigkeit. Aber wir bestehen darauf — und gehen notfalls bis zum Bundesverfassungsgericht nach Karlsruhe —, daß wir auch Humor haben. Wir zeigen ihn nur nicht immer...

Ja, wir haben so unsere Eigenheiten. Für den Fall, daß Sie uns besuchen, sollten Sie ein paar Dinge wissen:

Erstens: In Berlin können Sie nur in den seltensten Fällen einen Zeitplan einhalten! Die Stadt befindet sich stets im Zustand einer Baumaßnahme, was Umleitungen und Staus mit sich bringt. Umsichtige Planer lassen soeben fertig asphaltierte Straßen immer wieder gern aufreißen, damit sich der Bürger gar nicht erst an den fließenden Verkehr gewöhnt. Fazit: Sie kommen, wenn Sie mit dem Auto unterwegs sind, zwangsläufig zu spät.

IK bin en Berliner
IK auch!

Sicher wird Ihr Adrenalinspiegel zusätzlich steigen, wenn Sie im Stau stehen und im Verkehrsfunk den Satz hören: »Meldungen über Staus liegen zur Zeit nicht vor!«
Zweitens: Ob Sie wollen oder nicht: Sie werden in Berlin zu einem Demonstranten! In keiner anderen deutschen Stadt wird soviel demonstriert wie in der Hauptstadt. Manchmal gerät man gleich zwischen zwei Demonstrationszüge. Wie auch immer: Reihen Sie sich ein! Alles andere hat sowieso keinen Zweck! Beliebt sind Demos besonders im City-Bereich, vorzugsweise an verkaufsoffenen »langen Sonnabenden«. Wundern Sie sich nicht, wenn Sie auf dem Kurfürstendamm auf einmal Elefanten sehen: Zuweilen darf im größten Verkehrs-Chaos ein gastierender Zirkus den Boulevard zu PR-Zwecken nutzen. Die BVG-Busse werden dann notfalls umgeleitet, was den irritierten Berlin-Besucher in ganz andere Gegenden verschlägt. Aber schön ist es eigentlich überall.
Drittens: Beachten Sie bitte: Berliner haben nie Zeit (weil sie ja immer zu spät dran sind). Selbst Senioren, die eigentlich ihren wohlverdienten Ruhestand genießen könnten und in kein Zeitkorsett eingezwängt sind, legen eine auffällige Hast an den Tag. Sogar Damen und

Herren mit Stock entwickeln Sprinterqualitäten, um einen Bus zu kriegen (obwohl der nächste nur fünf Minuten später kommt).
Viertens: Es wird Sie amüsieren, daß wir Berliner im Grunde nicht richtig sprechen können. Wir haben alle einen Z-Fehler. Das Z gerät bei uns immer zu einem »ßett«. Der Zug wird zum SSuch, die Zigarette zur Ssarette. Nur in einem einzigen Fall können wir das Z richtig aussprechen. Wenn wir vom Europa-Center sprechen ...
Na, sind wir nicht putzig, wir Berliner!?
Und wir haben noch viel mehr zu bieten ...

Mit »Auf ein Heiteres« legt Bernd Philipp jetzt seinen sechsten Sammelband seiner charmant-heiteren Geschichten vor, die unseren Alltag frech auf die Schippe nehmen. Bernd Philipp, 1950 in Berlin geboren, ist Chefreporter der »Berliner Morgenpost« und verantwortlich für die sonntäglich beigelegte »Berliner Illustrirte Zeitung«, in der seit 10 Jahren seine »Lebenslagen«, heitere Satiren über unvermeidliche Alltagssituationen, erscheinen. Im Herbig Verlag sind von ihm die Bücher erschienen: »Beine, die das Leben stellt«, »So heiter geht's im Leben zu«, »Das kann ja heiter werden«, »Das Leben ist 'ne Wundertüte«, »Zunehmend heiter« und zusammen mit Koautor Sebastian Xanten »Müssen Frauen sein?«

Pressestimmen zu seinen Büchern

Mark Twain bekam einen Nachfolger. Berliner Rundschau

Geschichten zwischen Abenteuer und Alltag. Funkuhr

»Was mir passiert, passiert jedem. Aber was keinem passiert, das passiert garantiert mir!« Lebenslagen, in die jeder mal gerät, blähen sich durch die Brille des Humoristen vergrößert, zu wahren Dramen auf, über die man aber Tränen lacht, statt Tränen zu weinen. Denn: »Das Leben ist so grotesk, daß man es nicht auch noch ernst nehmen sollte.« Dafür kämpft er — mit der Verbissenheit und dem Ernst eines Humoristen. Berliner Zeitung